臺灣產業
個案論文集（三）

國立臺灣科技大學教學資源中心◎主編

國立臺灣科技大學
NATIONAL TAIWAN UNIVERSITY OF SCIENCE AND TECHNOLOGY

序

　　臺科大承襲傳統的務實精神，以「發展具科技創新與產業應用的國際化應用研究型大學」為願景，並以「培育具創新實踐與社會關懷之全球競爭力的科技與管理人才」為教育目標，創校四十餘年來，致力於將學生培育成具全球競爭力的科技與管理人才，協助驅動臺灣經濟發展。

　　個案教學法，為本校管理學院多年來培育及訓練學生的重點教學模式之一，教師透過教學模式的設計，讓學生在討論前主動閱讀個案資料，分析問題並藉由自身的經營管理知識提出觀點，再經由小組討論與腦力激盪，發展出一套實際問題解決方案，據以培養學生的問題解決能力。由此可見，個案教學法其實融入了產業實務、自主學習、翻轉教室、問題導向學習(PBL)等多元化創新教學理念。

　　面對未來競爭，學生學習的課程內容絕不僅止於教師指定的部份，合作學習、團隊導向學習更為重要，學習不再是單打獨鬥，而需要與同儕合作探索問題，共同學習知識，激發學習的熱情。藉由個案教學的討論活動，可以建構一個讓師生自由表達想法、進行回饋及思辨的互動教學環境，讓學生對學習擁有自主權，進而提升學習動機。

　　檢視國外教育的成功經驗特色之一即為師生與產業的密切互動，校園與產業新技術發展緊密結合。因此如何能使學生的專業能力符合產業界需求，是本校進行創新優化課程的核心目標。本校為將管理學院成功的個案教學模式推廣至其他領域，於 2015 年及 2016 年共出版了兩冊「臺灣產業個案論文集」，內容除了傳統的管理個案外，還收錄了來自電資、設計與其他領域的個案。本(2017)年度更收錄了來自工業安全、建築設計、剪紙藝術、公共建設等議題的個案，以期能更配合國家產業多元發展趨勢，培育學生產業導向所需的專業能力，將「務實致用」的精神深耕於我國技職體系高等教育。

國立臺灣科技大學校長

廖慶榮 謹識

目 次

個案教學的十年回顧

張光第[1]

前言

　　本文作者分別於 2007 年一月及五月參加哈佛商學院舉辦之第四期「個案方法與參與式教學計畫」(以下簡稱[教學計畫]) ﹙Program for Case Method and Participant Centered Learning, PCMPCL﹚兩階段個案教學及寫作課程。2007 年一月的第一階段「校內訓練」﹙on-campus session﹚都在波士頓的哈佛商學院，進行約兩週的密集課程，而同年五月的第二階段「校外實習」﹙off-campus session﹚則選在香港科技大學，進行不到一週的極短期個案寫作訓練。基本上，參加「教學計畫」的學員多數都已取得博士學位，而且大多數都已任教超過五年以上，其中還有多位商管學院的院長及副院長，這樣的「學生」教育訓練課程，對哈佛商學院而言，也非常有挑戰性。

　　為期十天的「校內訓練」對大多數學員而言，有如「魔鬼集中營」，一則因為離開學生生涯已有很長一段時間，有些人可能已經畢業二十年以上；再則每天要消化、精讀三到四個個案，還要討論，晚上還要聚會，實在是精疲力竭。事實上，雖然每位學員都學有專精，對自己的專長都能侃侃而談，但哈佛商學院的個案選擇也正符合每位學員的專長，如同投資理論所稱的「分散投資」特性，因此，個案涵概了管理的五大領域：組織與人力資源管理、行銷管理、財務管理、策略管理及生產管理。每位學員只要讀到不是自己領域的個案，就只好找組內的專家，在課前討論及上課發言時，好好發揮。這樣的個案選擇及跨領域的分組，正符合個案教學與學習的目的。團隊合作也是哈佛個案課程的核心價值與目標之一。

　　第二階段「校外實習」來到香港科技大學。其個案教學所需的軟硬體設施，都有相當不錯的規模。舉凡，個案討論室、個案教學專用的教室、以及學員住宿等等，都應有盡有。跟哈佛商學院不同的是，所有的規模都小一號，數量也少很多。我們在此的訓練著重在個案寫作的基本步驟及邏輯思維。各組在五天之內，依主題公司所面臨的問題，寫成一篇類似似哈佛個案的草稿。在課程結束的當天，各組推派代表針對已完成的個案草稿，向所有學員報告，並接受學員的問題挑戰。經過兩階段的哈佛個案訓練課程，大多數學員都感到不虛此行。

---

[1] 臺灣科大管理學院財金所副教授兼管理學院副院長、EMBA 執行長暨產業個案中心主任

壹、哈佛個案教學及參與式學習的內涵

　　哈佛商學院以個案方法或個案教學聞名全球，但個案方法或個案教學並非哈佛商學院所創。哈佛商學院以企業所面臨真實的疑難雜症匯集成個案問題，要求學生以個案主角（protagonist）的身份思考可能的解決方案，再搭配積極且主動的課堂討論模式，成為全球商業管理教育的典範。哈佛個案基本上分為兩大類：(一)公開資訊個案（library case）：則是由個案作者蒐集個案公司的所有公開資訊匯集而成。(二)實地訪查個案（field case）：是由個案作者實地訪查個案公司高階主管並記錄個案公司相關內容而寫成。其他個案雖名為「個案」，實際上是屬於某些專業領域的講義(note)或經驗談。哈佛商學院有許多著名學者都出版過很多專書，在其他學校被當成教科書，也都是個案教學的重要參考資料。採用哈佛個案的教授對學生的評量，並沒有期中考或期末，除了上課參與討論的發言次數與內容外，期末的個案寫作更是學期成績的重要參考項目之一。

貳、哈佛個案教學的十年經驗

　　筆者在個案教學及指導研究生撰寫個案的十年時間，哈佛個案的教學經驗，提供讀者參考，並分析其優劣與得失。哈佛個案較適合用在研究所或在職碩士班(即大家熟知的 Executive Master of Business Administration, or EMBA)的課程。筆者在最近幾年每學期用六個案在大學部的課程，讓大學生聊解問題、擬妥解決問題的假設、建立分析模式、找出接決問題方案及做決策，學習成果逐漸顯現，啟發很多大學生解決問題的淺力。

　　筆者的個案教學主要集中在碩士班（MBA）及在職碩、博士班（EMBA & EDBA）。目前的台科大全職企管碩士班（MBA）有兩種學程：一是大學畢業可以直接報考，不須要工作經驗的企管碩士班；另一種稱為 international MBA(iMBA)是大學畢業後，必須有若干年的工作經驗，並且招收部分非台灣籍的國際學生，因此該課程都以英文授課為主。大多數歐美國家排名高的企管碩士班都要求有若干年的工作經驗。在商管學院要求有工作經驗是非常合理的，特別是以個案教學為主的學校，哈佛商學院就是最具代表性的學校之一。國際學生的狀況因工作經驗的多寡，各國教育水準的差異，都使得個案教學的複雜性高出許多。

　　筆者的個案教學主要分為：(一)使用英文個案，但以中文教學方式進行；(二)使用英文個案，並以英文教學方式進行。哈佛大學商學院出版社(Harvard Business School Press)提供特許教師(Premium Educators)在其網路上搜尋適合各種課程及主

題的個案。該出版社的個案主要包含哈佛個案，也有其他著名商學院的個案。中文教學對 EMBA 學生的效果很好，這些學生有豐富的工作經驗，但沒有足夠的時間閱讀及討論個案。EMBA 學生對個案的問題通常可以依據個人的工作經驗及人生歷練，提供有意義、有深度的解決方案，有時甚至是很有趣、又意想不到的答案。不過，這種課堂上的個案問題討論，往往會失焦。原因之一是，EMBA 學生白天忙於工作，根本沒有認真閱讀個案。即使部分同學有時間預先閱讀個案，可能因工作性質屬內勤或研發單位，或本身位居要職，對英文個案，要能夠充分掌握個案內容，瞭解個案問題，並討論出可行的解決方案，仍然有些障礙。EMBA 學生來自各行各業，有些正好從事與個案相同的產業，甚至是個案公司的分公司或子公司，經由他們的參與、討論、報告及分享，正可補足課程所需。每次課後的紀錄對下次的教學就很有幫助，知道學生的疑問在哪，哪些答案是大家都知的，有些問題會引起同學激烈討論，還有些問題是學生完全想不到的，這些都必須紀錄下來，供下次上課參考。

在台灣採行哈佛個案教學還需做許多調整。就個案討論的分組而言，儘量避免由同學自行分組，以隨機抽取五至六人為一組為最佳，可以有效增加不同產業間互相學習及成長的機會。為了降低 EMBA 學生的進入障礙，筆者請研究生幫忙作簡單的個案內容及問題的翻譯。EMBA 學生有了這些基本資料後，在個案進行的每一個階段都能很快進入狀況，幫助非常大。中文教學也運用在大學部課程，大學生多數都沒有正式工作經驗，都還在學校學習當中，筆者提供最多六個英文個案，作為理論與實務的一個媒介。

第二種教學方式是使用英文個案，並以英文教學。目前台科大國際學生超過一千名，主要來自歐洲、東南亞及南美洲。台科大管理學院的 iMBA 學程有一半左右的學生是外國人。筆者每學年在財金所開設兩門，都以英文個案及英文教學，半數以上的學生是外籍生，其中有些是交換生，有些是學位生。這樣學生的組成，非常有挑戰。很多外籍生英文並沒有比本地台灣學生好，但因為他們在台灣唯一可用的語言就是英文，因此，大多數都能積極的用英文參與課堂討論。台灣已經推行國際化多年，近年來成果慢慢出現。台科大響應政府國際化的腳步，積極營造國際化的教學環境及學生組合。個案教學要求課前預習、分組討論及課堂報告。這些學生通常比較有時間讀英文個案。雖然沒有太多工作經驗，但透過課前的個案小組討論，課堂上的問答交流與溝通，及學期末的分組個案報告，都足以提升學生的學習效果。

台灣學生在所有課堂上的活動都必須以英語和國際學生溝通，這不僅強化所

有學生的國際觀（這當然也增進外籍學生的國際觀，因為有些外籍生並非來自歐美國家，更不瞭解台灣！），也增強學生的英語溝通能力。畢竟個案的內容已經不再是基礎英語所能完全表達，必須強迫台灣學生用英文的專業術語及日常語彙跟個案組員討論，更要向立場不同的學生提出精簡、又有說服力的英文說詞，難度頗高。但學生在個案討論結束後，都會意猶未盡的想用英文表達對個案的很多想法，或其他可能的解決方案。這樣的現象已達到個案教學的基本效果，暫且不論學生從個案裡收穫多少，或得到多少「take-away」（註：即指哈佛商學院強調個案教學使學生得到越多、越深入的解決問題能力，表示個案教學越成功），個案問題顯然已經烙印在學生的腦海裡。有時也有可能是因為英文表達的不足，同學們會在下課後，不得已的情況下以中文提問，或提出解決個案問題的其他想法。有些同學對個案情境比較無法深入瞭解，也很難分享個人經驗，關鍵就在於缺乏工作經驗。儘管少數同學有兩、三年的工作經驗，對瞭解個案問題與提出解決方案都屬粗淺。多數同學對個案的好奇、喜愛與熱忱，遠超過一般教科書。

　　以下提供兩位財金所碩士班同學接受個案教學的心得，對筆者而言是一種回饋及反思，可供讀者參考，也可做為個案教學老師的參考：

同學甲：

　　對於沒有工作經驗的同學來說，個案教學無非是讓學生涉及實務經驗最好的方法。在教授的指導下，同學們閱讀完每篇個案後，都要釐清整篇個案的人、事、時、地，以及主角當時所面臨的課題。而在通篇了解整篇個案後，我們要將自己融入到個案，亦即想像自己是個案主角，思考在過去每一個事件發生時，主角何以做出當時之選擇，並評估其利弊，揣測其背後之動機；再者，對於主角現在所面臨之議題，我們也要評估可行的解決方案，多數在個案中就會提及可能的選擇，但當個案中沒有提及時，便是我們發揮所學於實務最好的練習。此外，透過小組組員互相討論的過程也能激盪出不同的想法，儘管有些想法是天馬行空，完全不可行，但是透過組員間互相地指點，我們亦能夠知道自己在哪個環節沒有深思熟慮，得以更合乎常理之邏輯重新思考問題。尤有甚者，當小組組員中有組員是已經有工作經驗的話，將能更快速地帶領其他組員進入個案情節，並以真正在台灣或他國之實務經驗，提出對於個案主角所面臨問題之對策。最後，雖然在熱絡的小組討論後，我們已有相當之解決對策，但是教授在課堂上的講解，總是能夠給予我們從未想到過或者是先前認為不可行的想法。

　　個案教學更引人入甚之處，就是在閱讀完個案並進行小組討論後，我們可以

在網路上搜尋個案主角，探討主角在當時到底做出什麼決策，而市場又是如何反應，更可以從主角現在的經營狀況，看出當時之決策是否明智，又或者在做出錯誤的決策後，主角是如何改進以生存迄今。而在個案課程之小組討論中，難免組員間會有不同的想法，有時激烈爭辯，有時和平地取得共識，這些都是在真正工作後所會面臨到的問題；同事們之間一定會持不一樣的意見，而這個時候該怎麼以縝密地推理邏輯來說服彼此則是化解尷尬的不二法門。也許在一般課程中之分組討論就會有這種訓練，但是個案課程讓我們能夠更為深入、更透徹地討論議題，時常需要透過閱讀大量的文章和其他相關資料才能夠進行討論。

雖然對於非本科系的同學來說，個案課程會比較吃力，需要一邊複習相關理論，一邊和同學請教。然而學期結束後回過頭檢視，才發現不知不覺之中，在一學期的個案課程，我學習到了很多實務上的經驗以及重要的理論，成長不少。除此之外，亦聽學長姐們分享求職經驗，他們也說個案對於面試來說，相當有幫助。因為面試官所提出之問題，通常都是實務上所會碰上的，而學校所提供的個案教學，讓學長姐們得以為借鏡，從而提出符合之答案。即便有些問題個案課程中並沒有涉及，但相較與其他求職者，學長姐們認為他們能夠更快速地做出具有一定水準的答覆。

同學乙：

老師藉由個案教學，將理論與實務結合。個案研究大致分成三個階段。課堂前，學生自主個案研讀及小組討論，針對每篇哈佛個案提出的問題進行討論；課堂上，每一週由學生上台分享及報告，從同學及老師的建議中可知，知道自我想法的剖析方式是對或錯，並透過每堂個案研究的討論，大家互相提出不同的看法與見解。課堂後，針對老師提供的想法及見解，大家再重新一次討論，且將此次的議題更加深入分析與了解，參與討論的每位成員皆能在過程中對議題的脈絡獲得清晰的概念。

另外，老師的教學可以分成兩大主題，財務管理與資產證券化。其中包含財務運算、融資決策分析以及資產證券化的過程，每一個主題皆分成十二週的個案教學及討論，另我印象深刻的不外乎其中幾個個案。像是一級方程式賽車無形資產證券化（Formula one: Intangible-Asset-Backed Securitization）、美國大聯盟職棒明星 A-Rod（A-Rod: Signing the Best Player in Baseball）、哈佛商學院學生貸款基金（Student Educational Loan Fund, Inc.,SELF）與不動產抵押貸款證券公司（Mortgage-Backs at Ticonderoga）。

　　舉例來說，從財務管理個案 SELF 的例子中我們可以知道，贊助人向 HBS 捐款，以低利率的形式提供貸款幫助學生。但捐款金額有限，因此無法滿足所有學生的需求。此時 SELF 通過購買 HBS 貸款並獲得銀行所需的資金來幫助他們。學生沒有直接付款給 SELF,而是透過 Holyoke 中心支付給 HBS 來支付給 SELF 。從銀行角度來看，SELF 拿到的是變動利率。SELF 為學生提供每半年支付一次與半年付息一次。反而造成了巨大的違約風險，導致學生不喜歡 SELF 提供的現行貸款政策。其解決方法是，透過交換契約（Swaps），以及使用倫敦同業拆款利率（LIBOR）這的方式，作為協議中的浮動利率貸款轉變成為一筆固定利率貸款。這也衍生出在實務上，假設有兩家公司，他們不太可能在同一時點與同一家金融機構有生意上的往來，並且在未來相同交換契約上正好取得相反的部位，這過於理想，因此，許多大型金融機構在尚未取得對沖的交換契約時，仍隨時準備單邊的交換契約。此種現象即是交換契約的造市者。個案的研究對於後續更複雜度的問題上有所助益，也助於學生自我延伸學習。

　　此外，財務管理課是為了找出企業最佳投資方式，以創造最大利潤並將風險減至最低其著重於計算淨現值（NPV）與內部報酬率（IRR）等資本預算的方式，加以利用此等方法評估是否投資企業。有別於前者，資產證券化是一特殊領域，其將重點放在，將確乏流動性，但具有可預期收入的資產，通過在資本市場上發行證券的方式予以出售，以獲取融資，以最大化提高資產的流動性。而這也證明了一個事情，在 2008 年的金融危機中，美國的住房抵押貸款及汽車貸款是靠發行資產證券提供的。這也使得美國在此次的危機下受創很深。其相關的證券化名詞如特殊目的機構（SPE）、資產擔保證券（ABS）、住房抵押貸款寬證券化（MBS）、擔保債務憑證（CDO）、信用違約交換（CDS）。老師不僅在課堂上提供其個人對個案的觀點，並藉由老師引導發問的方式，讓同學間彼此在上課時互相討論及發問。此堂課另一值得學習之處在於，除了為全英文授課之外，許多的交換生與國際學生的參與，為這堂課帶來不同的思想論辯的激盪。以前台灣的教學方式偏向被動式的教學，現在不同以往大學高中國中的上課模式，老師鼓勵學生提出問題，在課堂上與其他同學腦力激盪，找出解決方案，並在課程結束前回顧個案的重點供未來參考。

參、結語

　　筆者認為哈佛大學商學院藉由研讀及討論哈佛個案，並以參與者為中心的個

案教學法是商管學院教學與學習最重要的模式之一。老師與學生共同學習個案公司或主題，雙向溝通，同學間互相討論，腦力激盪，都是傳統教學與學習所沒有的。哈佛個案是經過千錘百鍊所得到的實務案例，對商管教育而言，是最重要的資產，可被稱為「人類文化遺產」，有些個案歷久彌新。哈佛商學院每年會推出很多新趨勢、新產業的個案，跟著經濟發展的腳步，隨時更新，面對新的挑戰。筆者認為哈佛個案是商管學院教學與學習最重要的工具之一，教課書是基本工具，提供學理的基本訓練，個案提供理論與實務的橋樑，可以緊密結合，提供師生最佳的溝通媒介，商管教育的未來非常需要借重個案的學習，提高學習效果。

高風險維修決策個案探討-以煉油廠更換關鍵性設備為例

季存厚[1]、紀佳芬[2]

摘要

　　某煉油廠在規劃關鍵性設備的更換作業時，陷入一個兩難的決策僵局：接洽原廠或是改找國內廠商按原設計圖施工。前者可能會耽誤排定的大修計畫，造成嚴重損失，後者除了要考慮國內廠商是否具備必要的技術能力外，也必須在期限內取得原廠專利授權，否則可能面臨法律訴訟。因此本個案運用情境規劃列舉所有可能決策情境，並以決策樹分析得出找國內優質廠商按圖製造及安裝的決策。其次，考量維修過程容易出現人為疏失，引發工安意外或財物損失，因此個案採用階層任務分析，列舉完成大修所需的各項步驟，並借助失效模式與影響分析逐一檢視，以降低或避免維修作業失效的風險。最後運用五項修練重新檢視本個案關鍵性設備維修的決策與執行過程，幫助煉油廠結合理論與實務，建立持續改善的學習型組織文化。

關鍵字：情境規劃、決策樹、階層任務分析、失效模式與影響分析、學習型組織

壹、個案本文

　　2014 年 4 月是 A 煉油廠內最重要的一個製程單元剛完成年度大修，重新開車的月份。雖然看似一切正常，工廠全量生產，完全符合要求，可是 Steven 看著煉製經理 Frank 呈上來的大修檢討報告，滿臉愁容坐立不安，思考要如何解決這次設備檢查指出的大問題：一項關鍵設備面臨屆齡汰換，可是困難重重，不知如何推動。

　　廠長 Steven 憂心忡忡地拿起電話請煉製經理 Frank、技術經理 Alan 及維修經理 John 到自己的辦公室。幾年前某同業的煉油廠就是因為設備管線維修問題，連續發生幾起工安事故，除了財務損失外，更使社會大眾認為這類產業都是高風險

[1] 國立臺灣科技大學工業管理系 EMBA
[2] 國立臺灣科技大學工業管理系特聘教授

的嫌惡設施，Steven 心想：「這個問題不處理好，可能衍生工安事故及長期停產損失……」，加上這項設備價格不斐，一般設備下定單製造都要費時一年，更何況是這種特殊設備，必須立即召開緊急會議、找出對策，或許可以趕上這次預算編列，納入下次的大修行動方案。

一、個案背景

　　煉油廠內關鍵設備通常由歐美大公司設計建造，安全及技術等級高，維修或汰換時常需向原廠購買設備及先進的技術服務，累積學習相當技術後，逐漸再改用國內產製之同級品。個案 A 煉油廠發現某關鍵設備已屆使用壽命，必須安排在 2 年後大修時汰換，卻因為在尋求原廠協助過程受挫，同時該設備技術層次高，國內尚無設計、製造經驗，即使想找國內機械廠按原圖製造，還有專利授權的問題要找原廠，頓時讓 A 煉油廠面臨極大難題。

　　一般國外業者進行類似的計畫多半要在 4 年前啟動，個案煉油廠只剩 2 年的時間規劃準備，整個局勢對 A 廠極為不利。Steven 所領導的團隊應該如何克服困境，達成任務。再者，下次 2018 年大修時，有更多的關鍵設備必須汰換，就算完成這次任務，團隊能夠複製這次經驗，順利通過未來的挑戰嗎？

二、緊急會議

　　煉製經理 Frank 和其他兩位同事接到通知，一起趕赴廠長辦公室，討論這個問題。由於這是煉油廠內最重要的製程，必須盡可能縮短維修時程，但是煉油廠過去沒有類似的維修經驗，對 60 公尺高的巨大設備進行維修並兼顧包羅萬象的例行大修，還要把時間控制在合理範圍內，不論在工程技術或是專案管理上都是一大挑戰；再者預算到底需要多少，資金從哪裡來？因此技術經理 Alan 建議把更換時程延後到 2018 再進行，他引用國外文獻資料，這類設備壽命一般落在 15 年上下，目前雖然已使用 13 年，若經過補強措施，也許可以再多撐 4 年，用到第 17 年再換，不但更經濟節省，還可有充裕的時間去研究工程如何進行，找到合適的廠商來詢價。

　　在過程中一直保持沉默的煉製經理 Frank，提出不同看法：「石化產業很特殊，萬一發生意外會對公共安全及環境產生極大的衝擊。根據大修檢查的紀錄，設備檢查人員已提出汰換的建議，我們應該要相信專業，再來設法克服工程、方法及預算的難題。」維修經理 John 也贊成 Frank 的意見，他指出：「中部同業最近也

在規劃這項設備的汰換計畫，這些年他們各方面突飛猛進，也許可以託人聯絡安排參訪，請教他們的做法。」

Steven 聽完大家的意見後表示：「我們自從建廠試車完成後，就沒有再從國外原廠 E 公司得到技術支援，一直很努力發展自主技術來維護所有的設備，可是國外原廠仍握有專利，並且有更充足的研發技術能力，請 Alan 跟原廠接洽，詢問對汰換設備有甚麼建議，若能請他們來做技術服務更好。另外也請 John 找國內有能力施作的廠商，研究施工方法及訪價，至於連絡參訪的事就要麻煩 Frank。總之，請你們盡快成立專案小組分頭進行，每 2 週召開會議，否則就趕不上 2016 年施工了」。

三、成立專案小組展開行動

接到廠長的指示後，專案小組立即成立，成員組織圖如圖 1。Frank 很快就透過友人幫忙，安排了交流行程，並得知同業是請原廠 U 公司協助進行關鍵設備更新；由原廠提供技術服務，找國內某上市公司子集團的 J 公司承攬施工，設備是在德國某廠製造並完成組裝測試後運回台灣裝建。

Frank 看似圓滿完成第一階段的任務，其實是更加憂心，想把原廠 E 公司找來，就是個大問題，這十幾年間曾因技術上遭遇瓶頸，聯絡原廠回來協助，可是每次不是石沉大海，就是派一位業務來了解，然後就沒有下文了；到底接下來該怎麼辦？

在 Frank 陷入困境時，John 這邊倒是傳來了好消息，除了 J 公司外，他還找到一家位在屏東的本土機械公司，這家 M 公司曾製造過類似設備，不但擁有台灣最大的一座專業熱處理爐，而且非常有意願進一步洽談，但是他們真的有能力製造關鍵設備嗎?Frank 心中雖有疑慮，不過尚存著希望，若台灣可以開發出一套本土技術，對後續設備的維修工作及保固責任就可以放心了，但是萬一失敗，恐怕影響太大，後果不堪設想，想著想著，他的頭又痛起來了。

Alan 積極詢問代理商，等了兩個月，一直沒有原廠回應的消息，他終於忍不住跑去找 Frank，「怎麼辦?我已經盡力了，對方就是沒消息，也不清楚為何不回應。」Alan 顯得很沮喪，這時 John 匆忙的跑進 Frank 的辦公室，「你們有沒有聽到消息，公司最近希望各煉油廠能找原廠洽談技術服務合約，提升自主技術，公司想聽聽你們的看法」。Frank 眼睛一亮，立刻拿起電話，打給總經理特助 Smith，表達出不但贊成，也需要公司幫忙的想法。Smith 問清楚後，很爽快的回答，「你

們製程原廠是 E 公司吧!剛好他們副總裁下週要到公司拜訪總經理,我幫你跟長官提一下,到時候跟他們副總裁講一聲,應該會有幫助。」講完電話,大家都覺得事情好像有希望了。

圖 1　A 煉油廠專案小組組織分工圖

四、煉油廠產業概況及大修制度

石化產業是現代工業中非常重要的一環,包含了上游提供能源及石化基本原料的煉油產業,中、下游提供合纖,塑膠,橡膠及其他化學品的石化產業,更涵蓋了像是航太、電子、資訊、汽車、醫藥等提高附加價值的廣大關聯產業,范振誠等(2016)曾提出石化業的定義與範疇圖如圖 2 所示。根據經濟部 2014 年主計處統計,"2013 年我國石化業產值為 1.92 兆,占製造業整體產值的 13.8%,間接帶動產值為 7.29 兆;占我國 GDP 的 12.56%;上中下游員工 30 萬人",對國內經濟發展極為重要。

依照目前國內法令之規定,煉油廠內各單元在操作一段時間(一般 2~3 年)後,無論設備正常與否,都必須把單元完全停下來,從事設備開放檢查、保養、清理、維護、更新觸媒等計畫性停爐檢修工作,由於項目眾多複雜,稱為工廠大修,其分層任務分析如圖 3。大修期間無法生產,自然沒有收益;且為要在時限內完成大修,需在此期間投入大量機具及人力,反而比平常支出更多費用;因此越快完成越好。

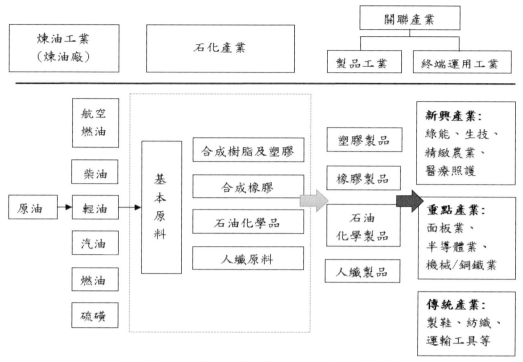

圖2　石化工業定義與範疇圖(工研院 IEK，2016)

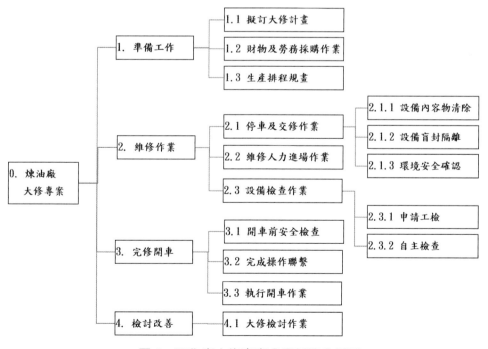

圖3　石化廠大修專案分層任務分析圖

五、煉油廠遇到的大難題

2015 年 1 月，又到了專案小組追蹤進度的會議，Steven 於會議前看完了 Alan 的報告，發現透過總經理與原廠 E 公司高層連絡及關切後，雖然等到對方的回音，可是事情並不順利。一走進會議室，大夥兒早已將討論報告投在螢幕上，包含原廠與國內廠家優劣分析表如表 1、專案小組困境分析如圖 4 所示。

這項關鍵設備有商業機密的保密限制，建議是直接找原製程廠家 E 公司洽談承攬，但是整個聯絡過程， E 公司的業務代表非常不積極，A 廠面臨時間壓力，再拖下去，勢必耽誤大修時程。

由於關鍵設備與上下游設備之間有從屬關係，如果要放棄原製程廠家的設計，另外找其他廠商重新設計，幾乎整個工廠流程都要重新規劃、盤點，很多設備也要一起更換，不只工程龐大，幾乎等於是蓋一座新工廠了，無論在時間及預算上都不可行；若是只將關鍵設備換成其他專利廠商的產品，還是必須將 E 公司設備的設計資料提供給承攬商，這樣得標承攬商才能重新計算、設計出新設備，可是這又牽涉到商業機密的問題，而且將兩種不同設計組合使用，恐怕會出現系統不匹配的問題，還有工廠性能及產能在更新後是否能符合要求，都必須要透過適當的方法重新評估，不是那麼簡單。

煉油業及石化業的工廠大修，牽涉許多複雜、高深的工程設計及作業管理，必須非常仔細的規劃與執行，否則很可能因為設計或施工不良發生危險，造成經濟上或是工安、環保上的災難。2012 年 5 月美國的石油巨擘 M 公司位於德州亞瑟港的煉油廠，共花費了 100 億美元進行產能擴充及大修更新，就是因為一連串的失誤，在重新開工不久後就發生嚴重的事故及停工，損失慘重。

John 首先發言，「這樣下去，一定會來不及，不如直接放棄這個方案，我們自己找國內廠商來做。」Steven 皺起眉頭，示意 Alan 說明一下看法。「就算不找原廠設計、施工或是諮商，一切都由我們自己處理，還是要跟原廠談」。Alan 倒是回答得乾脆。他看大家不解，繼續解釋：我們的製程技術是原廠 E 公司的專利，當初建廠購買專利時合約有限制使用條件，如果不經原廠同意，擅自將工廠設計圖件外流，我們公司可能會有法律責任。也就是說，即使我們找國內廠家按圖施作重新製造新品，也要事先經過 E 公司同意，才能把相關技術資料、設計圖件交給承攬廠商去建造。

這時 John 又提出：「上次是總經理出面與 E 公司高層接洽，藉著我們與 E 公司在天然氣事業上有龐大的業務關係，才逼出他們煉製技術服務部門出來對話，沒想到還有這麼多問題，是否要再請總經理出面⋯。」

Steven 一直靜靜地聽夥伴們的討論，心裡大概歸納了幾個結論：

(一)受限時間壓力，關鍵設備汰換工作，必須盡快朝向找國內廠商合作方向進行，而且一定要有資格審核，確保廠商技術能力及執行力沒有問題；不過還是必須先解決原廠同意問題。

(二)如果能讓原廠同意只做技術服務，由原廠指導國內廠商在台灣製造關鍵設備，在費用及時程安排上可能是最佳解決方案。

(三)與原廠之間的溝通，必須透過公司對公司直接溝通，並設法借助本公司與 E 公司間龐大的天然氣事業合作關係來著力。可是老是要請長官出面，這樣好嗎？

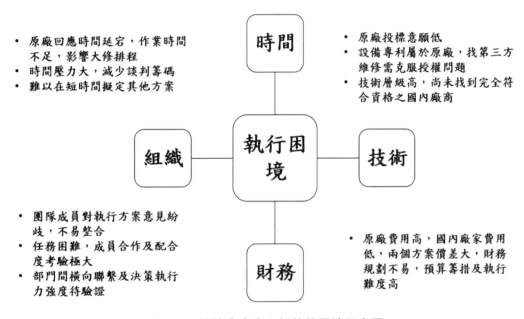

圖 4　A 煉油廠專案小組執行困境示意圖

表 1　國內承攬商自製與找原廠 E 公司合作的優劣分析

項目	找原廠執行	找國內承攬商自製
專業能力	1. 製程技術成熟穩定，業主較放心，工程風險低 2. 能學習到原廠最新技術，培育具國際視野的人才 3. 具改善設計能力，可導入更新更好之產品，提高設備性能及耐用度，提高績效	1. 國內缺乏具備完整製程技術能力的廠商 2. 不確定性及工程風險較高 3. 只能照舊設計圖製造，沒有改善設計能力，產品品質及性能最多只能跟原設計相當
價格	工程費用高，超過一億	工程費用低，大約是原廠七成
專案執行配合度	原廠內部溝通時間冗長，不易談判，簽約障礙高，配合度低，影響後續設備採購、製造及安裝的作業進度，對大修時程造成延宕。	廠商承攬意願高，配合度高 國內廠商熟悉政府法規，對國內制式合約接受度高
培養自主技術能力	專利技術長期受制於原廠，不易在台灣建立自主技術	1. 若建立自主技術能力後，有利於日後之維修汰換工程 2. 國內製造，交期短，易派員監造，掌握施工情形
取得專利授權	原廠不須考慮專利授權	1. 必須透過談判取得原廠商業機密授權第三方使用之同意書 2. 與原廠談判之難度很高

六、與原廠的談判

　　A 煉油廠整理了兩大議題，首先是想修訂原有的技術服務合約，其次是希望能與原廠針對關鍵設備的汰舊換新案另外談新合約。

　　2015 年 4 月，Alan、Frank 及專案小組成員開始與原廠舉行電話會議討論合約問題，第一次會議的結論有三點：

（一）雙方同意 1996 年建廠時簽定之合約仍然有效，但應先就內容作綜合評估，將內容做修正，以符合現況。

（二）雙方就各自認為應該異動部分提出需求，再進行討論；A 煉油廠提出為

因應維修及設備汰換的需要，請原廠能同意在簽署保密協定後，提供相關技術資料給第三方負責維修或製造設備的廠商。

(三) A 煉油廠雖邀請 E 公司針對大修進行技術服務，但是 E 公司表明只願意依原合約執行及簽訂 Amendment，不同意以任何形式簽訂新合約。

在第二次三方正式電話會議前，E 公司駐大中華區代表 Andi 特別先跟 Frank 聯絡，Andi 說：「這個案子很簡單，就按建廠時所簽的舊合約條件執行，下週我們和休士頓三方會議時，只要你們同意，我們就派人到台灣進行檢查、設計等技術服務，不過工程部分建議你們參考我在大陸這邊幾個案子的做法，由業主另外找 E 公司認可的工程公司建造，你們也比較省錢。但是如果要重新招標一個新合約，按 E 公司的做法，必須先找熟悉台灣法令的法務人員，徹底研究貴公司提出的契約內容是否可能造成本公司損失，未來會不會有訴訟可能，光這個流程就費時很久，而且雙方都是大公司，針對契約文字一定也會協商很久，絕對趕不上你們希望的時程。E 公司光是法務人員就有三百多人，仍然常面臨到合約執行的訴訟事件，萬一這件事情沒經過法務部門又發生訴訟事件，嚴重時煉製部門的主管可能會被開除，所以我們寧可不接新生意，也要按規定做事，如果按舊合約，那是過去經過法務部門審議通過的，執行起來，煉製技術部門不會有任何責任，所以會欣然接受!」但對 A 煉油廠而言，雖認為舊合約仍然有效，可是內容並未涵蓋關鍵設備汰舊換新的技術服務，廠內會計及法務部門都堅持不能直接引用。Frank 清楚了 E 公司的想法，聽起來很合理。大公司都有很多規定才能符合內控的需求，自己公司同樣也有顧忌，這可是「順了姑意就拂了嫂意」；雙方洽談工場技術服務合約辦理情形如圖 5 所示，目前已經有了很多交集，但還是有不少歧見，接下來要怎麼辦呢?

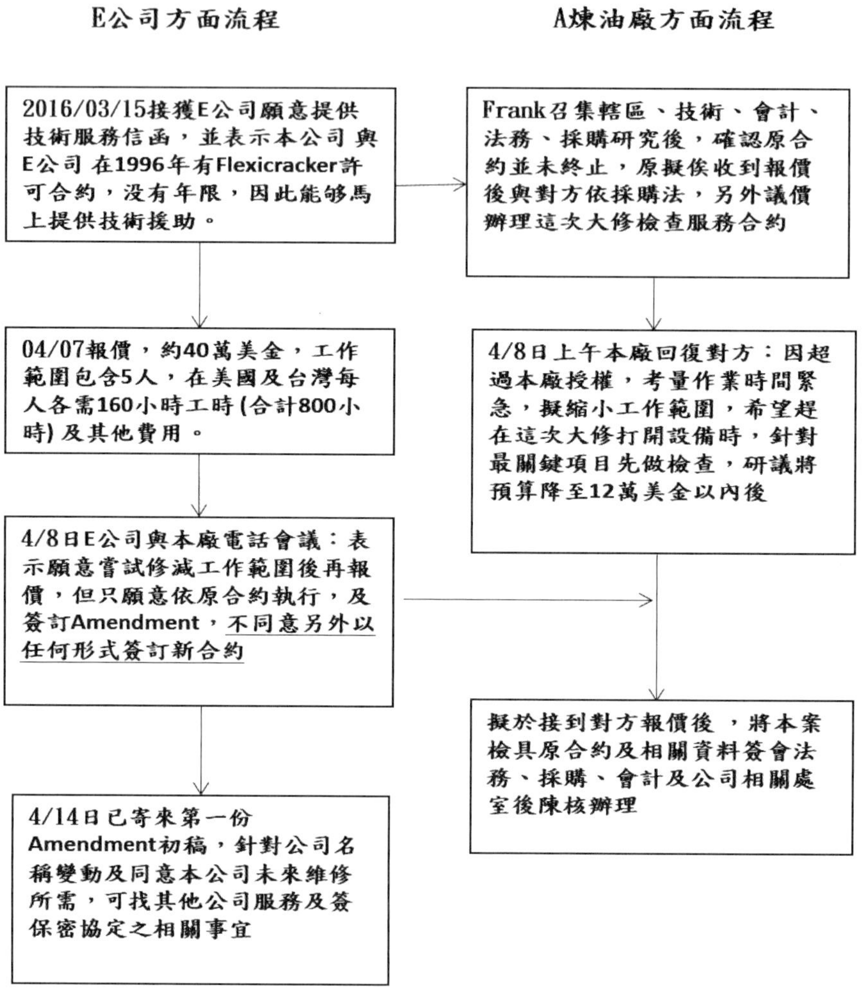

E公司方面流程　　　　　　　　A煉油廠方面流程

2016/03/15接獲E公司願意提供技術服務信函，並表示本公司與E公司在1996年有Flexicracker許可合約，沒有年限，因此能夠馬上提供技術援助。

Frank召集轄區、技術、會計、法務、採購研究後，確認原合約並未終止，原擬俟收到報價後與對方依採購法，另外議價辦理這次大修檢查服務合約

04/07報價，約40萬美金，工作範圍包含5人，在美國及台灣每人各需160小時工時(合計800小時)及其他費用。

4/8日上午本廠回復對方：因超過本廠授權，考量作業時間緊急，擬縮小工作範圍，希望趕在這次大修打開設備時，針對最關鍵項目先做檢查，研議將預算降至12萬美金以內後

4/8日E公司與本廠電話會議：表示願意嘗試修減工作範圍後再報價，但只願意依原合約執行，及簽訂Amendment，不同意另外以任何形式簽訂新合約

擬於接到對方報價後，將本案檢具原合約及相關資料簽會法務、採購、會計及公司相關處室後陳核辦理

4/14日已寄來第一份Amendment初稿，針對公司名稱變動及同意本公司未來維修所需，可找其他公司服務及簽保密協定之相關事宜

圖 5　A 煉油廠與 E 公司洽談工場技術服務合約辦理情形示意圖

七、維修決策選擇

　　大修工期，主要由工場各項設備機組的開放、清理、檢查、檢修、調校等，將個別作業時程並行或串接而成。這些現場作業項目既多且雜，牽涉專業程度高，因此需要擬定正確的維修決策，以控制工程進度，降低成本。反之，若決策錯誤，逾期完工，未將設備功能維修到正常水準，等工場開車後發生事故，不但喪失績效，更可能因為工安或環保事件導致更大之損失，實在不可不慎。

　　若利用決策樹分析法，列出汰換關鍵設備的所有方案，再由專案小組進行比較及討論，可以清楚權衡各方案的輕重緩急及優缺點，以供決策者參考審視進行

決策(Chi, Tseng, Jang, 2012)，決策樹分析如圖 6 所示。

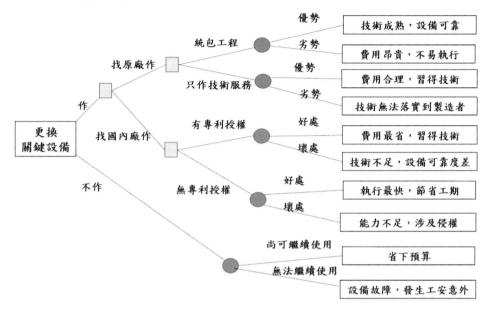

圖6　A 煉油廠更換關鍵設備方案的決策樹狀圖

八、下一個挑戰

　　2016 年 6 月 4 日 Steven 接到了總經理的電話，「廠長，這次工廠大修挑戰性很高，但是你們做得非常順利，也省下了超過一半的預算，辛苦你們了...。」聽完總經理的讚美，掛了電話，Steven 不禁回想起過去的點點滴滴，實在是一場硬仗。突然傳來一陣腳步聲，秘書 Mary 敲了一下門，把 Steven 又拉回現實，「報告廠長，Frank 和 Alan 在一樓會議室等您下去開會，他們說這次大修檢查發現，最大的兩座關鍵設備也需要安排汰舊換新計畫了。」

九、結論

　　個案 A 煉油廠的進展時間軸如圖 7，原廠最後同意提供設計及檢查技術服務，也建議找第三方承攬商施工，所以應該有機會取得原廠專利授權同意書並改找台灣廠商承攬施工，但要如何同時借重原廠技術服務作品質把關，A 廠應在整個大修過程，安排對應的技術人員全程配合學習。

　　A 煉油廠認為應針對新的技術服務項目，重新辦理合約發包，但是原廠始終不肯，理由可能是 E 公司煉製技術部門久未經營台灣市場，對台灣法令不熟，有語言障礙及法務部門審核新案耗時，要如何在短期內說服 E 公司同意來台灣投標，建議 A 廠應該運用第五項修練的方法重新檢視決策過程，結合理論與實務，建立

持續改善的學習性組織文化，才能複製成功經驗，持續精進，以面對未來挑戰。

圖 7　個案過程時間軸

十、問題討論

(一) 請思考 A 煉油廠，針對大修汰換關鍵設備的決策問題，有什麼分析方法可以應用?到底應該找原廠還是找國內廠商施作呢?

(二) 請問該煉油廠面臨的決策風險為何？如何將風險控制在合理範圍內?

(三) 請討論 A 煉油廠專案小組成員在與原廠討論的三方電話會議中，應該如何事先分工，以及在談判過程中扮演適合的角色。

(四) E 公司在 A 煉油廠聯繫提供技術服務的過程中，從消極轉變成積極的關鍵因素是甚麼?為何又在新合約談判時持保守消極的態度?A 廠應該如何說服 E 公司願意來台灣投標。

貳、個案討論

一、管理議題與教學目標

從理論與實務結合可以引導出情境規劃(Scenario Planning) 、決策樹(Decision Tree) 、分層任務分析(Hierarchy Task Analysis)、失效模式與影響分析 FMEA(Failure Mode and Effect Analysis)及五項修練(The Five Disciplines)，等議題進行探討。教學目標如下表 2 所述。

表 2　教學目標

適用 課程名稱	課程內容	教學方式
情境規劃	運用 Schoemaker(1995)提出之情境規劃方法，設想本個案幾種可能發生的情形，接著再去假設會有哪些事發生。這種分析方法可以有充分客觀的討論，使得決策更具彈性。	(1)參與式學習 (2)小組討論
決策樹	個案情境的幾個決策方案都存在可能出現不同結果的不確定因素。針對上述問題，Magee(1964)曾提出可用運用樹狀圖結構來協助檢視判斷，選出效益最大、成本最小的決策方法。	(1)參與式學習 (2)小組討論
分層任務分析	採用 John Annett (2005)提出，將個案複雜的目標任務分解成許多個子任務，再持續分析這些不同層級的子任務，以便從中找出達成目標的最適方法，還可避免過程發生錯誤。	(1)參與式學習 (2)小組討論
失效模式與影響分析	失效模式和影響分析(Department of The Army, 2006)，適用於許多領域，分析得出處理各種風險優先順序的手段，便於在系統發生異常狀況之前，採取適合的行動措施，以避免或降低異常狀況的危害與風險。	(1)參與式學習 (2)小組討論
五項修練	A 廠專案小組利用彼得‧聖吉提出之五項修練來解決與 E 公司談判上的困境，克服專利授權及缺乏投標意願的問題。	(1)參與式學習 (2)小組討論

二、學員課前討論問題

(一) 請思考個案 A 煉油廠，在遭遇的大修關鍵設備汰舊換新決策問題，有什麼分析方法可以應用?到底應該找原廠還是改找國內廠商直接施作呢?

(二) 請問該煉油廠面臨的決策風險為何? 如何將風險控制在合理範圍內?

(三) 請討論 A 煉油廠專案小組成員在與原廠電話會議中,應該如何事先分工,以便在談判過程中扮演合適之角色。

(四) E 公司在 A 煉油廠聯繫提供技術服務之過程中,從消極轉變成積極的關鍵因素是甚麼?為何又在新合約談判時抱持保守消極的態度? A 廠應該如何說服 E 公司願意來台灣投標。

三、個案分析

建議老師可以先介紹國內煉油廠產業概況及風險,導入大修任務時,煉油廠在經濟、工安及環保考量,以及更換關鍵設備時所遭遇的困境,藉此探討高風險維修決策的擬定及執行;衍生出的管理議題有:情境規劃、決策樹、分層任務分析、失效模式與影響分析及五項修練等理論。

四、個案教學資源整合

老師和學生可由表 3 了解個案中的人物角色,再對課前問題進行討論。

表 3　登場角色人物介紹

人物	角色扮演	人物簡歷
Steven	專案最高階領導人,由基層一路升至此職位,核心領導人物,深得總經理及員工們信任。	專業經理人,熟稔設備檢查、煉製、管理相關制度。63 歲,擔任 A 煉油廠廠長。
Frank	化學工程師出身,負責監督工廠操作及製程管理,首要任務是完成關鍵性設備之汰換,確保大修順利完成發包,是公司資深員工。	專業經理人,曾參與工廠建廠及試爐工作,擅長溝通協調及管理理論。48 歲,擔任煉製組經理。
John	機械工程師出身,負責工廠維修及工程發包,是公司資深員工,負責尋找國內合格廠商。	專業經理人擅長工程設計、維修及設備採購。51 歲,擔任 A 煉油廠維修經理。
Alan	化學工程師出身,負責技術服務及與原製程廠家接洽,是公司資深員工。	專業經理人,擅長方法工程,煉製技術及技術服務合約發包。46 歲,擔任 A 煉油廠技術經理。

Smith	化學工程師出身，有豐富工廠試爐及大修經驗，是公司資深員工，協助 Frank 聯絡 E 公司對口。	專業經理人，擅長溝通協調，負責營運及製程管理。53 歲，擔任 E 公司總經理特助。

(一) 請思考個案 A 煉油廠，在遭遇的大修關鍵設備汰舊換新決策問題，有什麼策略分析方法可以考量？到底應該找原廠還是改找國內廠商直接做呢？

> 討論重點：可以使用決策樹的樹狀圖列示各種可能決策方案，以選出效益最大、成本最小的決策方法。

根據 MBA 智庫百科(2017)指出，決策樹之推展步驟如下：
1. 繪製樹狀圖，排列出目前已知各個方案及可能發展狀態。
2. 理論上需計算出各方案的機率及損益期望值並標於樹枝上。
3. 比較各個方案的期望值，選定最佳方案，如下圖 8 所示。
4. 實務上，列出所有可行方案，不需深入計算期望值即可選定適合方案。

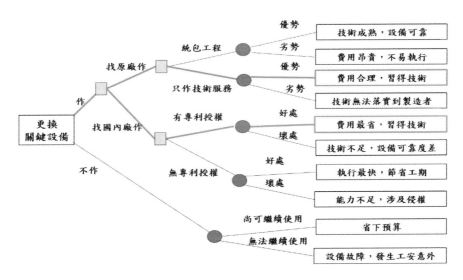

圖 8　更換關鍵設備各方案決策剪枝後樹狀圖

國內民眾對煉油／石化業者發生工安事故的容忍度極低，加上 A 煉油廠位於市區，唯有加強大修品質及作業安全管理，煉油廠業者才能繼續生存。所以針對決策樹的起始路線，只能作出更換關鍵設備的選擇；考量時間及財務壓力，　A 廠

既然無法在既定期程內與原廠簽訂統包合約， A 廠只有盡力爭取原廠在專利技術上授權，並積極找到國內具備技術能力的廠商投標承攬才能完成任務。

(二) 請問該煉油廠面臨的決策風險為何？如何將風險控制在合理範圍內？

> 討論重點：使用分層任務分析法、失效模式與影響分析法，先將目標任務分解成數個子任務，再分析各層級子任務，可從中找出達成目標的最適方法，還可避免發生錯誤。

　　煉油廠大修專案是由許多複雜的任務組合而成，不同的任務風險也不一樣，因此建議採用 John Annett (2005)的分層任務分析法，按下述步驟將專案任務分解成數個子任務，再分別管控其風險，提供管理者做決策參考，分層任務分析法步驟如下。

　　1. 決定分析的目的
　　2. 確定任務目標和性能標準
　　3. 確定任務訊息的來源
　　4. 獲取資料數據並分解草案圖表
　　5. 重新檢查分解的子任務之有效性與利益相關者
　　6. 找出主要操作步驟
　　7. 測試分析結果是否能解決問題

　　接著利用失效模式與影響分析法 (Department of The Army, 2006)，展開圖 3 拆解後的子任務並進行風險評估，發現以任務 1.2 財務及勞務採購作業及 2.2 維修人力進場作業具備高風險，如下圖 9 與下表 4 所示，應優先控管。

表 4　個案專案任務失效模式與影響分析

任務/子任務	功能	失效模式	影響	S 嚴重程度分級	原因	O 出現頻度分級	當前的控制措施	D 檢查分級	RPN 風險優先級數	行動措施建議
1	準備工作									
1.1	擬訂大修計畫	內容不夠周全	漏掉部分重要設備，可能引發非計畫停爐或事故	5	未記錄生產過程累積之問題	3	定期追蹤籌備會議	4	60	列入公司內控查核
1.2	財務及勞務採購作業	未完成發包	大修計畫無法順利完成	8	未按程序作業或是無法順利招標	5	定期追蹤採購進度	5	200	優先納入消除失效模式
1.3	生產排程規劃	未依計畫排程	油料調度失衡，短缺或過剩	5	未適時修正大修計畫與生產排程落差	4	定期追蹤大修進度	4	80	優先管控大修期程避免進度落後
2	維修作業									
2.1	停車及交修作業	品質及數量不符要求	大修計畫無法順利完成	4	轄區處理進度延宕未能準時完成停車及設備安全處理作業	3	每週追蹤進度	5	60	優先管控大修期程避免進度落後
2.2	維修人力進場	技術、人力及工安水準不足	大修計畫無法順利完成	8	承攬商工程能力不足，無法在期程內以符合合約標準之作業達成任務	5	合約中訂定廠商資格限制	5	200	優先納入消除失效模式
2.3	設備檢查作業	品質及數量不符要求	設備機械完整性不足，未找出潛在危害可能引起非計畫停爐或事故	4	設備檢查計畫不周或是執行不力	3	併入大修籌備會一起追蹤	3	36	改進設備檢查計畫
3	完修開車									
3.1	開車前安全檢查	技術、人力及工安水準不足	設備機械完整性不足，未找出潛在危害可能引起非計畫停爐或事故	4	檢查小組未按規定實施各項檢查	2	公司內控查核檢查小組	3	24	加強人員訓練
3.2	完成操作聯繫	未按計畫聯絡	油料調度失衡，短缺或過剩	3	轄區未依規定執行操作聯繫	1	列入主管考核	2	6	加強人員訓練
3.3	執行開車作業	未依標準作業程序	造成設備故障或產生工安、環保事故	3	轄區未按規定執行	1	列入主管考核	2	6	加強人員訓練
4	檢討改善									
4.1	大修檢討報告	未落實PDCA流程	無法持續改善，降低工場設備可靠度，未來發生工安、環保事故之潛勢升高	3	組織未依標準作業程序落實大修管理	3	列入公司內控查核項目	3	27	列入部門重點管理目標追蹤考核

嚴重程度值(S)：1（無危險）～10（嚴重）

出現頻度(O)：範圍為 1(少)～10(肯定會發生)

檢查分級指數（D）： 1（已經通過目前工程控制的缺陷檢測）～10（不可能檢測）

風險優先級數(RPN)= S x O x D，最壞的情況是 1000，最好的情況是 1

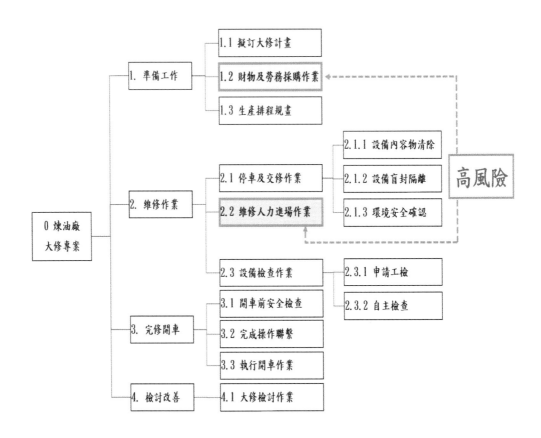

圖 9　A 煉油廠石化廠大修專案分層任務分析圖的高風險作業

　　綜合檢討，要消除這 2 項子任務的失效模式，在於慎選具備製程技術之優良廠商承攬施工，同時要在大修任務開始前順利完成發包作業。A 煉油廠應該盡速與 E 公司完成洽商，或是在取得 E 公司專利授權後，找尋國內合格廠商進行。

(三) 請討論 A 煉油廠專案小組成員在與原廠三方電話會議中，應該如何事先分工，在談判過程中扮演合適之角色。

> 討論重點：本個案可運用 Schoemaker(1995)曾提出之情境規劃，設想幾種可能發生的情形，再去假設會有哪些可能情境。這種分析方法可以有充分客觀的討論，使得決策更具彈性。

　　個案中 A 煉油廠透過公司高層協助，終於讓 E 公司煉製部門出面開啟商務談判大門，但因為 E 公司有幾點堅持，一度讓整個合作機會幾乎破局。應先整理出雙方的共識及歧見如下圖 10 所示。

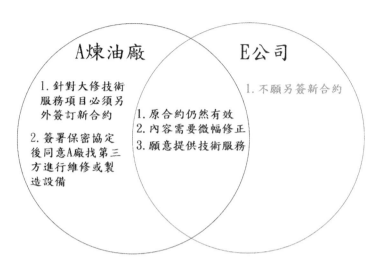

圖 10　A 煉油廠與 E 公司共識及歧見圖

　　個案中 A 廠與 E 公司因為已經多年不曾再有合作經驗，雙方對彼此的作業模式已經十分陌生，必須重新透過多次的談判，慢慢找回信賴關係，共創價值追求雙贏。由於個案傾向賣方市場，A 廠專案小組除了依循一般談判的原則，將對方引入交易區，把目標放在達成對自己有利的結果外，即使在時間壓力下，更應該事先做足功課，收集資料並透過情境規劃(Dawson,2012)，如圖 11 所示，設想各種可能發展，發展出模擬情境規劃圖，如圖 12 所示，並參考張順教(2016)所著「賽局與談判」，將小組成員做專案分工，例如安排會計、法務、技術、轄區及採購部門分別預先訂出談判底線及攻擊線，讓主談者事先準備好籌碼，並規劃同仁在談判桌上由誰擔任黑臉或白臉等角色，在談判中適時出擊，以發揮組織談判力，達到 A 廠想要的結果。

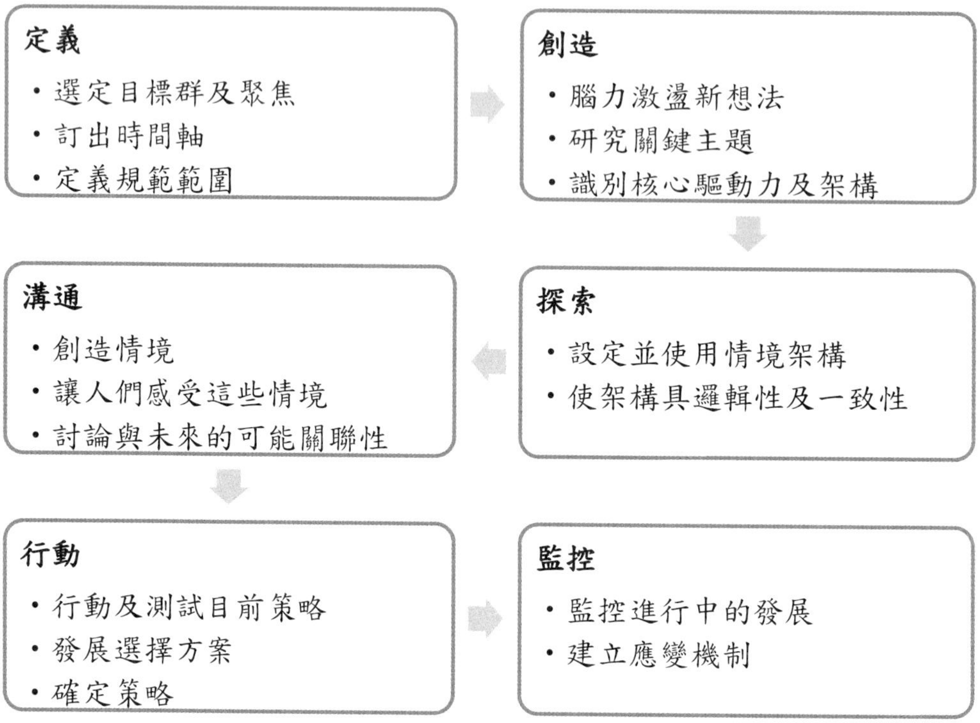

定義
・選定目標群及聚焦
・訂出時間軸
・定義規範範圍
創造
・腦力激盪新想法
・研究關鍵主題
・識別核心驅動力及架構
探索
・設定並使用情境架構
・使架構具邏輯性及一致性
溝通
・創造情境
・讓人們感受這些情境
・討論與未來的可能關聯性
行動
・行動及測試目前策略
・發展選擇方案
・確定策略
監控
・監控進行中的發展
・建立應變機制

圖 11　情境規劃步驟

(資料來源：rossdawson.com 網站資料及本研究整理)

1
標出不確定性及趨勢
2
腦力激盪所有可能結果並評估衝擊
不確定性
假設情況
合約
不願簽新合約
願意簽新合約
願簽新合約但要求很多內容讓步
專利授權
不願授權給第三方
願意授權但要增加收費
評估可能性
3
願意授權給第三方
技術服務
不願再提供技術服務
願意繼續提供技術服務
願意提供部分技術服務

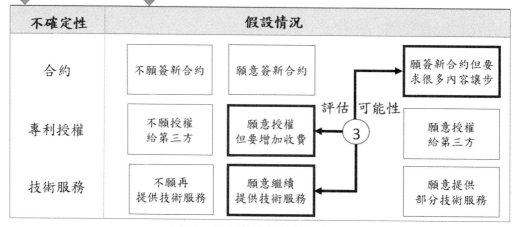

圖 12　談判前模擬情境規劃圖

談判過程中，A 煉油廠團隊應該盡量安排代表不同專業的成員(例如技術或採購代表)藉由條件式提議（假設性的提案），打探對方底線，(例如詢問對方是否願意簽技術服務長約或是承攬製程技術升級改善工程，讓雙方了解彼此成交空間的大小。Susskind(2014)曾提到，因為雙方都想要站在成交空間中最有利的一端，藉著條件式提議的運用，也可以了解自己在談判過程中到底離最有利的一端有多麼靠近。

根據 Susskind(2014) 著作「雙贏談判術」，A 廠主談者還應該設法造就對雙方都有利的交易，E 公司也更有意願進入交易區。再來要試探對方談判代表是否有得到充分授權，所以若察覺對方在談判桌上不敢隨便做主，A 廠可以提出讓對方得利，自己也開心的配套方案，利用簡單的談話技巧，提供論點給這些使者，讓他們把對 A 廠最有利的協議推銷給 E 公司的後台，達到想要的結果。

(四) E 公司在 A 煉油廠聯繫提供技術服務之過程中，從消極轉變成積極的關鍵因素是甚麼?為何又在新合約談判時抱持保守消極的態度? A 廠應該如何說服 E 公司願意來台灣投標。

> 討論重點：A 廠專案小組應如何利用系統思考來解決與 E 公司談判上的困境，克服專利授權及缺乏投標意願的問題。

個案內容顯示 A 煉油廠在汰換關鍵設備工程上面臨原廠專利授權的限制，呈現一種賣方市場，似乎很難談判；但是企業或是人際間的往來，有很多不同面向的關係，例如 A 廠所屬的 C 公司在天然氣業務上和 E 公司有很大的生意往來，同時因為某種特許關係，存在不可替代性，可能成為 A 煉油廠跟 E 公司談判的籌碼，所以當 C 公司高層與 E 公司連絡後，A 廠專案小組馬上感受到對方態度轉趨積極。

第五項修練作者彼得‧聖吉(Peter M. Senge,2010)認為系統思考也需要有"建立共同願景"、"改善心智模式"、"團隊學習"與"自我超越"四項修練來發揮其潛力；當 A 廠專案小組在上級長官 Steven 指示下成立任務編組，由 Frank(煉製經理)、Alan(技術經理)及 John(維修經理)組成核心團隊，分別帶領部屬共同合作時，其實已經必須形成一個學習性組織，才能完成這項艱難的工作。

表面上觀察，在透過高層的關心後，才使事情有所進展，其實是因為 A 廠專案小組透過學習性組織的運作，改善心智模式後，才得以自我超越，慢慢找到突破點，因此 A 廠團隊應該繼續利用系統思考，找出解決與 E 公司的談判困境的觀點。詳如下表 5 所示。

表 5　A 廠學習性組織應採作為

修練類型	A 廠作為
自我超越	學習如何擴展個人能力，例如 Frank 透過總經理特助 Smith 協助，直接找到 E 公司關鍵對口部門交涉及安排參訪同業交換大修心得，創造出想要的結果，並塑造組織環境，鼓勵成員實現規劃的目標與願景。
改善心智模式	運用情境規劃，探索未來可能的變化及影響，由組織成員一起做縝密分析，避免個人偏見，藉此找出可能的方案，改變組織的心智模式，引導組織變革
建立共同願景	由高階主管 Steven 引導專案小組，將順利完成大修並建立自主維修技術列為共同願景
團隊學習	夥伴間無私貢獻專長，各部門間分工合作，注重分享與回饋，一起營造成長的環境
系統思考	以系統觀念了解各利益相關者的關係，探尋問題的根源及尋找高槓桿解。是否能先幫對方解決困境，相對就是解決自己的困境；例如 E 公司缺乏了解台灣法務的成員，導致不願來台投標，是否能給予協助?E 公司還有哪些疑慮，是否能一一澄清並幫忙解決，掃除障礙物，自然就可讓 E 公司回到談判桌上。

五、課程結論

(一) 決策分析：Magee(1964)曾提到，決策的形成通常必先經由辨識問題、分析問題，接著蒐集資訊、擬定方案、比較權衡各方案、選定方案採取行動、觀察方案執行情形並隨時修正。由於本個案陷入一個兩難的僵局，因此本個案運用情境規劃列舉所有可能決策情境，並以決策樹分析，得出找國內優質廠商按圖製造及安裝的決策。

(二) 風險管理：風險充滿了不確定性，但是無論是企業或是個人，在面對高風險決策時都應該妥為規畫及處理，才有助於降低無法容忍的風險降臨在自己身上。以個案而言，建議採用分層任務分析法(HTA)、失效模式與影響分析法(FMEA)，先將複雜目標任務分解成數個子任務，再將這些不同層級的子任務分別以 FMEA 方法進行分析，找出必須優先控管的風險，移除或降低主要之風險，避免過程發生錯誤。

(三) 五項修練：很多行業都如同個案公司，面對一項艱難的任務，必須靠團體戰才能獲勝，建議可導入學習型組織的作法，讓個案最後可以五項修

練的系統分析模式，重新檢視決策及任務執行過程，幫助煉油廠結合理論與實務，建立決策典範並發展出持續改善，精益求精的學習型組織文化。

六、板書規劃

本個案規畫四個板書區如圖 13 所示，建議採用順推討論的方式，主板(板書1)在於討論個案的概況與產業背景，次板 1 (板書 2) 規劃情境，選擇談判方案(帶出情境規劃理論)；次板 2 (板書3)從個案的任務風險評估及管理(帶出決策樹分析、分層任務分析及失效模式與影響分析理論)；次版 3(板書 4) 則是應如何執行方案，(系統思考)；可以藉此個案說明如何結合實務與理論，教導學生如何進行高風險決策。

主板(板書1)
個案的概況與產業背景

- 個案概況
- 背景說明
- 個案困境分析
- 可行對策

次板1(板書2)
任務風險評估及管理

- 風險評估
- 目標任務拆解
- 風險辨識及分析作為
- 風險管理

次板2(板書3)
規劃情境，選擇談判方案

- 腦力激盪
- 情境規劃
- 商務談判

次板3(板書4)
如何執行方案

- 線性思考及系統思考
- 五項修練
- 學習性組織
- 結論

圖 13   個案板書規劃區域

參、參考文獻

1. 李國光，2015。策略知識管理教材。
   取自：http://www.gwoguang.byethost6.com/SKMWEB/01 策略知識管理
2. 范振誠等，2016。2016 石化產業年鑑，台北：工研院產業經濟與趨勢研究中

心。

3. 郭進隆、齊若蘭譯，Peter M. Senge 著，2010。第五項修練，台北：天下文化。

4. 陳信宏譯，Lawrence Susskind 著，2015。雙贏談判術，台北：天下文化。

5. 張順教，2016。賽局與談判，台北：財經傳訊。

6. 維基百科，2016。失效模式與影響分析，
   取自： https://zh.wikipedia.org/wiki/失效模式與影響分析。

7. MBA 智庫百科。FMEA 管理模式，取自：http://wiki.mbalib.com/zh-tw/FMEA

8. MBA 智庫百科。決策樹，取自：http://wiki.mbalib.com/zh-tw/決策樹

9. Chi, C.-F., Tseng, L.-K., Jang, Y. ,2012. Prune a decision tree of selecting computer-related assistive devices for the disable user, IEEE Transactions on Neural Systems & Rehabilitation Engineering ,20(4),564-573.

10. Department of The Army, 2006. Technical Manual 5-698-4 Failure Modes, Effects and Criticality Analysis (FMECA) For Command, Control, communications, computer, intelligence, surveillance, and reconnaissance (C4ISR) facility.

11. D.H. Stamatis, 2003. Failure Mode and Effect Analysis-FMEA from Theory to Execution, Milwaukee, Wisconsin：ASQ Quality Press.

12. John F. Magee, 1964.Decision Trees for Decision Making, Harvard Business Review, the July 1964 Issue, retrieved from https://hbr.org/1964/07/decision-trees-for-decision-making

13. John Annett ,2005. Hierarchical Task Analysis(HTA), Handbook of Human Factors and Ergonomics Methods, Chapter 33, Boca Raton, Florida：CRC Press LLC.

14. James Manktelow, 2017.Decision Trees: Choosing by Projecting Expected Outcomes, retrieved from https://mindtools.com

15. Neville A. Stanton, 2006. Hierarchical Task Analysis: Developments, Applications and Extensions, Applied Ergonomics, 37(1), 1-110.

16. Paul J. Schoemaker,1995.Scenario Planning: A Tool for Strategic Thinking, MIT Sloan Management Review, Winter 1995,Volume 36,Issue 2, retrieved from http://sloanreview.mit.edu/article/scenario-planning-a-tool-for-strategic-thinking/

17. Ross Dawson,2012. Scenario Planning in Action,retrieved from http://rossdawson.com/frameworks/scenario-planning-in-action

民選首長更替之後，公共建設就要重來嗎？

林義貴[1]、陳勇儒[2]

摘要

　　公共建設的決策過程主要由非營利的政府機構負責，與一般企業經營有莫大差異。本個案描述教育部利用都市更新興建國際學舍的歷程，一名承辦人員處理本專案所面臨的情境。夾在教育部首長更換以及本案牽涉到的臺北市新民選市長亟欲表現下，該如何讓此專案順利進行。本案亮點在公共建設涉及民選首長換人後卡關問題，因地方政府首長擁有案子推動與否的最後決定權，無論專案進行的過程是否皆合法、合於規定與否。新任民選首長在專業考量外，仍須將民意觀感列入考慮，首長可依其職權透過各種管道封殺專案的進行。因此如何與地方政府有效溝通、協助解決疑惑、控制專案進度，就成為重要課題。除此之外，又因公共建設常非短期內能完成，故在前期規劃、專案執行過程中，亦常遇到機關首長或承辦人員換人，致政策變更、延宕等情事發生。故如何讓公共建設延續下去，避免過多的涉入、紛擾，則有效的專案管理、溝通、協調，即成為思考、決策設計的重要方向。

　　本個案可用於專案管理、都市更新、土地經濟學、供應鏈管理等課程上，所涉及的理論包含向上管理、稟賦效果、地租理論、交易成本理論等。

關鍵字：專案管理、民選首長、公共建設、都市更新、利害關係人

壹、個案本文

一、個案背景－2014 年 12 月 25 日柯文哲宣示接任臺北市市長

　　2014 年 12 月 25 日中午時間，已經離開教育部秘書處學產管理科的大筆倒了一杯果汁，開啟網路新聞，看一下今天剛宣示接任臺北市市長柯文哲的消息，媒體詢問柯，場外很多團體抗議，柯表示「反正上班就開始解決問題」，媒體追問

---

[1] 國立臺灣科技大學工業管理系講座教授，通訊作者
[2] 國立臺灣科技大學工業管理系 EMBA

柯是否有意料到第一天就那麼多人抗議,柯則說「反正每天都有抗議,把問題解決就是我們要來的目的」。

隔年 2015 年 1 月 16 日,臺北市議員即爆料三創數位生活園區 BOT（Build－operate－transfer）案的主體建物是地下停車場,政府只能規範本業,對其附屬事業的 3C 商城無法可管,且每年租金只收取公告土地現值的 3%,引發爭議。

1 月 18 日,鴻海科技集團-鴻海精密工業公司回應,三創生活園區興建主體建物及軟硬體投資超過 40 億元,已經預付權利金 10 億元給臺北市政府,在興建及未來營運期間,三創每年須繳納土地租金 2400 萬元、房屋稅 1500 萬元,合計近 4000 萬元。鴻海表示,「三創數位」土地租金每兩年隨公告現值調整,房屋稅也將隨興建期、營運期及每年公告現值調整,三創每年至少得花 1.4 億元營運,且不包含人事管銷費、利息及商場每 3 年設備更新及重置,並無圖利之說。主體雖為停車場,但顧及本業可能虧錢,所以增加附屬事業為商場,藉此提振民間投資意願,臺北市交九「京站」、市府轉運站「阪急百貨」都是同樣的案例,符合 BOT 及市府開發精神。

1 月 19 日,鴻海集團花 600 萬元買下各大報頭版廣告,要求臺北市長柯文哲 48 小時之內,上網公開當年三創招標過程與所有資料,包括錄音與錄影檔,並即刻移送政風單位、司法單位調查,以證明鴻海清白,若得標過程有任何不法,鴻海願受最嚴厲制裁,並強調包括空橋在內,臺北資訊園區所有工程將暫時停工,等到北市府認定得標過程合法後才會復工。市府隨即發表聲明回應,北市府不會接受財團威脅,柯文哲也回應,臺北市政府先前並未針對此案做出任何發言,等成立廉政委員會才會去處理,媒體名嘴不代表政府直接的意見,並表示「不是鴻海公司附設臺北政府,沒有一家財團可用限時 48 小時要臺北市政府做什麼事情」「依法行事,你要停就停,到時候該怎麼辦就怎麼辦」「我覺得這個國家財團已經到了無法無天的程度,沒有這回事。」

1 月 27 日,北市府財政局主任秘書表示,市府定調與三創在互信原則下,讓開發案朝正向發展,也盼三創認知外界的意見,承擔企業的社會責任。主秘進一步表示,市府與鴻海於 2008 年簽約開發三創資訊園區,規劃與光華數位天地及八德商圈聯手,打造臺北秋葉園區,簽約當年適逢金融海嘯,實有其時空背景,近年時境變遷,外界對此約有不同看法,市府也盼三創能認知到外界對此開發案的意見與期待,站在資訊業老大哥的角色,帶動周邊,產生群聚效應。

2 月 6 日,在三創董事長郭守正親自出席臺北市政府專案小組會議後,雙方達成共識,未來雙方將往前朝八德商圈共榮與青年創業育成邁進,落實既有計畫,

共同打造臺灣的創意未來。會後三創宣布空橋即日起開始復工，並表示一直以來秉持合法、合理、合情的原則與臺北市政府合作。此案在 4 年前招標時已設定為資訊產業專用，而在規劃經營時也知道面臨許多嚴峻挑戰，「三創雖期待合理之利潤，但需承擔更多產業變遷之風險。」所以看好三創未來經營發展者，願在法令許可下，讓投資者一起共同追求利潤。

2015 年 5 月 15 日，三創開幕，與此同時，遠雄大巨蛋案也正如火如荼的展開。2014 年 12 月底，公民團體向臺北市長柯文哲送出陳情書，使得松山菸廠旁的臺北大巨蛋案開始翻上檯面，最初是因為附近道路拓寬工程，遠雄公司粗暴移植老樹，造成與臺灣護樹團體聯盟發生多次衝突，進而演變成長期抗爭。

2015 年 1 月 13 日，遠雄集團召開記者會，直指只為幾棵樹就改變巨蛋工程的決策是錯誤的。1 月 14 日，臺北市長柯文哲公開護樹爭議是因為巨蛋地下道開挖，而他反對開挖地下道，因為這個地下道從巨蛋端 80 公尺到出口只剩 6 公尺，自認依據流體力學阻力一定會塞住，先天設計不良，根本無法施展地下道疏散人群的功能。

1 月 21 日，針對移樹問題，臺北市政府推翻護樹團體主張，仍然必須移樹，遠雄依決議公文進行移樹工程，但與護樹團體爆發衝突；市府指稱遠雄違反決議且未照雙方同意的移樹 SOP 進行，因而廢止該決議公文，並於 5 月 20 日，勒令遠雄全面停工。

新聞閱讀至此，大筆開始想離開教育部前，手邊最重要的案子是在臺北市南海路二二八國家紀念館旁，教育部想藉由都市更新興建國際學舍，然而案子裡也有臺北市政府，依稀印象最近路過這個基地旁，似乎還沒看到動工的影子，不是已經拿到建築執照了嗎？正巧大筆被指派前往臺北市中央聯合辦公大樓聽有關地價業務的相關課程，中午休息時間，大筆步行到附近教育部第三辦公室學產管理科，探望以前共事的專員，聊天中詢問這案子怎麼了？專員說：「這案子很有趣，發生了一些狀況，柯市長說這案子對臺北市政府似乎沒有很有利，要緩一緩，再確認一下。」

專員繼續說道：「事情還不止如此，你知道 A 機關署長換人，當初承諾協助教育部透過都市更新權利變換制度取得國際學舍全部所有權這事，因為覺得未來時間一久、變數太大，如果教育部沒有提錢（有償撥用）來買回國際學舍屬於 A 機關的這部分，這樣 A 機關會覺得很虧，所以希望教育部能給具體承諾，保證這個都市更新案結案後，教育部真的會來辦有償撥用。」

大筆問專員，這樣教育部下一步該怎麼走？

二、個案機關介紹－教育部學產基金

　　教育部學產基金歷史背景特殊，其收益專為獎助興學、助學及照顧弱勢學童使用，目前歸教育部秘書處學產管理科所管，其前身乃清朝時期地方熱心教育人士獻田興學之舉，稱為「學田」，最初為書院儒學財產。日治時期，為使此種財產專用於獎學，並補助推廣教育文化公益事業等用途，遂於 1923 年在臺北地方法院登記設立「財團法人學租財團」，由臺灣總督府統一管理，以其收益專作補助教育及作育英才之用。光復後由臺灣省行政長官公署設立「臺灣省學產管理委員會」。1949 年改組為「臺灣省特種教育基金處理委員會」。1972 年奉令裁撤，改由省教育廳接管。1998 年依「臺灣省政府功能業務與組織調整暫行條例」規定，資產移轉登記為國有，並依國有財產法使用收益，由教育部接管。

　　學產基金土地分佈於全臺各地，原委由各縣市政府代管，自 2002 年起進行全面清查原省有土地作業，2005 年起全面收回教育部自管，實際執行單位為教育部中部辦公室。於 2003 年起逐步清查成果依現況使用情形及使用人等資料建檔，並研發建置學產土地管理系統，作為管理及開徵租金之依據。2007 年增設「學產管理科」專責負責學產業務。配合政府組織再造，學產業務於 2013 年 1 月回歸教育部秘書處接管。

　　2012 年 10 月 5 日大筆剛調任至教育部總務司（秘書處前身）服務，早上剛到本部人事室報到後，就由檔案管理科科長帶領沿著徐州路步行 10 分鐘至教育部第 3 辦公室 1 樓角落倉庫找了一個位子坐下，一進倉庫就看到 3 位同事，科長說小冠是你的師父，另外 2 位姊姊也是你的同事，有問題可以跟他們多請教。那時學產業務準備從教育部中部辦公室接到臺北來執行，大部分的人選擇留在臺中，小冠也選擇離職了，只是基於情意，暫時來臺北指導幾天，小冠說學產基金擁有 200 年歷史、80 億現金及 4 千多筆學產土地，你來得正好，這本「國際學舍」估價報告書先拿去看，這是部長現在最關心的案子，研究完我帶你去看現場。

三、緣起－2010 年教育部想興建國際學舍、吸引外籍人才

　　2010 年，教育部部長在全國人才培育會議承諾改善外籍生在臺住宿環境，決定要蓋國際學舍，所以請學產科找一塊基地如下：

表 1-1　4 筆學產土地基本資料

地號	面積(m²)	使用分區	建蔽率	容積率
1	173	第三之一種住宅區	45	300
2	75	道路用地	-	-
3	1,222	第三種住宅區	45	225
4	591	第三之一種住宅區	45	300

　　同年臺北市政府也想找地蓋公營住宅，完成當時市長競選時的承諾，遂與教育部、A 機關協商，由臺北市政府主導辦理公辦都市更新，相關資料如表 1-2 與圖 1-1：

表 1-2　更新單元土地權屬清冊

地段	地號	面積(m²)	所有權人/管理者	權利範圍
○○段五小段	1	173	中華民國/教育部	1/1
	2	75	中華民國/教育部	1/1
	3	1,222	中華民國/教育部	1/1
	4	591	中華民國/教育部	1/1
	5	32	中華民國/A 機關	1/1
	6	4	中華民國/A 機關	1/1
	7	13	中華民國/A 機關	1/1
	8	123	私人	1/2
			私人	1/2
	9	6	中華民國/A 機關	1/1
	10	39	中華民國/A 機關	1/1
	11	222	中華民國/A 機關	1/1
	12	34	臺北市/臺北市政府工務局新建工程處	1/1
	13	238	臺北市/臺北市政府財政局	1/1
	14	161	臺北市/臺北市政府財政局	1/1
	15	1928	臺北市/臺北市立某高級中學	1/1
	16	291	臺北市/臺北市立某高級中學	1/1
	17	672	臺北市/臺北市立某高級中學	1/1
合計	17 筆	5,824	-	-

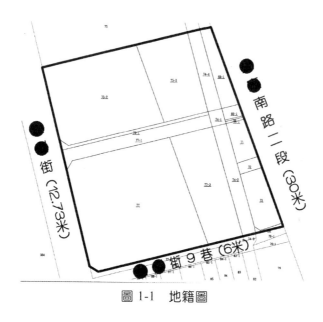

圖 1-1　地籍圖

四、教育部在都市更新權利變換制度下的選配策略

　　2012 年 6 月，北市府公開甄選結果，由 B 建設公司擔任實施者，有關更新前後權利價值估價部分，依照都市更新條例第 29 條及都市更新權利變換實施辦法等規定，經北市府公開抽籤結果由 C、D、E 等 3 家鑑價機構（經國家考試合格並登記執業的估價師）辦理權利變換估價，整理如表 1-3。至平均費用負擔比例部分，則為 31.01％，惟依照實施者投標時承諾共同負擔比例不高於 22.08％，即所有權人分得後更新總價值不低於 77.92％，故所有權人應分配價值總計 85 億 59 萬 4,513元。

表 1-3　更新前後權利價值估價表

	項目	C	D	E
更新前	土地權利價值	3,875,872,000	3,734,931,200	3,805,401,600
	土地平均單價(元/坪)	2,200,000	2,120,000	2,160,000
更新後	二樓以上住宅均價(元/坪)	916,000	906,000	910,000
	建物總銷	9,776,000,000	9,685,000,000	9,705,000,000
	車位總銷	1,133,000,000	1,133,000,000	1,172,000,000
	總價值	10,909,916,000	10,818,906,000	10,877,910,000

資料來源：教育部學產基金

所謂的都市更新，亦稱舊市區更新，指舊有建築物密集，畸零破舊，有礙觀瞻，影響公共安全，必須拆除重建，就地整建或特別加以維護之地區。而權利變換則指更新地區內的土地所有權人、合法建築物所有權人、他項權利人或實施者，提供土地、建築物、他項權利或資金，參與或實施都市更新事業，於都市更新事業計畫實施完成後，按其更新前權利價值及提供資金比例，分配更新後建築物及其土地的應有部分或權利金。亦即更新前後權利價值比例是一樣的，公式如下：

（更新後權利價值－更新成本）X 更新前權利價值比例 ＝ 應分回價值

2012 年 9 月 4 日，教育部召開學產基金管理委員會不動產經營運用小組會議討論，決議參與更新後建物選配順序為：「國際學舍、1 樓店面、出租住宅及地下停車場。」

9 月 11 日召開權利變換選配會議，教育部依上述選配順序選配結果，計分回建物 2 至 6 樓為國際學舍，1 樓店面 3 戶（臨重慶南路側），地下 2 樓獎勵停車位 30 部，地下 4 樓法定停車位 78 部。分回建物價值總計 31 億 10 萬 2,976 元，另有找補金額 163 萬 323 元。詳如圖 1-2 及 1-3。據估價結果更新前土地權利價值為新臺幣 14 億 2,298 萬元，更新後價值為 31 億元。

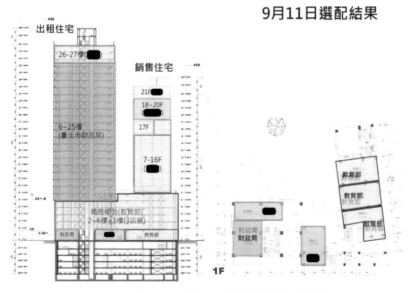

圖 1-2　9 月 11 日選配結果示意圖
資料來源：B 建設公司，2012 年 12 月 27 日簡報資料

圖 1-3　國際學舍都市更新案未來規劃藍圖

資料來源：B 建設公司，101 年 12 月 27 日簡報資料

五、因應市場需求變更選配策略

　　2012 年 9 月中，小冠詢問其他承租學產地興建並經營飯店的負責人，目前規劃的國際學舍具不具有市場競爭力，大部分的飯店業者都告訴小冠，國際學舍如果只有住的宿舍，而沒有提供伙食的餐飲店鋪支撐，恐怕很難經營得起來，況且教育部對於國際學舍的租金定價應會有折扣，本業不容易賺錢，最好能把 1 樓的店面都選起來，一起規劃。於是小冠就去做了初步的市場調查，設定與國際學舍市場定位接近的公務人力發展中心及臺北教師會館，發現確實都會搭配餐飲業一起經營（見表 1-4）。

表1-4　市場案例調查表

案例名稱	教育部國際學舍	公務人力發展中心福華國際文教會館	臺北教師會館
精緻客房	單人房至少90間	標準單床房	雙人房(二單床)
	雙人房至少90間	豪華套房	雙人房(一雙床)
	4人房至少45間	尊爵套房	三人房
		愛心房	四人房
餐飲	無	1F｜恬園餐廳	1F｜南海咖啡屋
	無	B1｜風尚咖啡廳	無

六、教育部調整選配策略

　　2012年10月4日，小冠奉准召集教育部學產基金管理委員會委員召開「研商教育部參加臺北市某都市更新案調整分配更新後建物會議」，會議決議在不違反實施契約規定前提下，建議酌以調整建築動線設計（將1樓店面集中規劃等）；另為提升國際學舍經營效益，改以分配1樓店面為優先，再行分配樓上層，如國際學舍樓層（2至6樓）面積如有不足，需增加分配部分，則協請國產署同意協助選配，未來再讓教育部向國產署辦理有償撥用其分配範圍。確認此原則後，請臺北市政府研議修正本案實施契約7.2條，有關教育部應分回國際學舍至少225間之內容，以利教育部調整選配策略。

　　2012年10月5日小冠交給大筆10月4日召開的會議紀錄後，隔天就回臺中去了。大筆依照會議指示聯絡臺北市政府財政局，結果得到的答案是合約為臺北市政府（甲方）與B建設公司（乙方）簽訂的，教育部非實施契約的甲方或乙方之一，無法片面變更契約內容；另身為公務員，公開招標、簽約後，再片面變更契約內容，恐有觸法可能，建議儘量不要執行合約中載明可修改一次的權利。

為此大筆只好求助B建設公司，尋求解決方法，B建設公司經理回應，在B建設公司與北市府簽訂的「臺北市某都市更新案都市更新事業實施契約」中載明教育部應分回國際學舍至少225間，代表B建設公司一定要依合約交付225間國際學舍給教育部，如果選完225間國際學舍後權值還有剩餘，才能讓教育部再選配其

他1樓店面。B建設公司專員建議教育部以後都更案，應要求列於合約的甲方之一，以利應付突發狀況，不過 B 建設公司仍會責請都更規劃公司協助解決問題。

七、建設公司的都更規劃公司協助提供解決方案

2012 年 12 月 19 日，教育部惠請臺北市政府再召開一次會議來協助教育部解決新的選配需求，會中 B 建設公司的都更規劃公司副理想到一個方法，經過他的試算，教育部跟 A 機關只要共同選配 2 樓國際學舍（共 39 間），並共同持有各 2 分之 1 所有權的話，就可以解決教育部必須選滿 225 間國際學舍的制約，又同時想選配 1 樓 6 間店面的需求（如圖 1-4）。不過此時臺北市政府財政局表示，最初會議紀錄已決議北市府至少須選配 1 間店面，故結果變為教育部選配 225 間國際學舍及 5 間 1 樓店面，北市府財政局選配 1 樓店面及公營住宅部分。

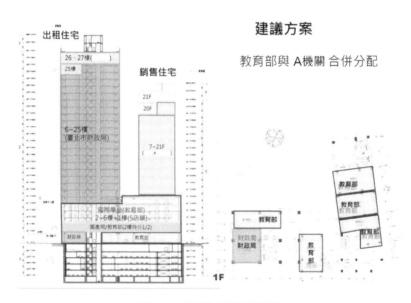

圖 1-4　建議方案示意圖

資料來源：B 建設公司，2012 年 12 月 27 日簡報資料

八、專案觸礁

2013 年 1 月教育部組織改造，原總務司更名為秘書處，司長沒有續留，由新處長接任；此外，原中部辦公室的學產管理科廢除，在秘書處底下新增學產管理科，新任科長一併上任；又 2 月初另從秘書處底下其他科室調來 2 位專員，這時

學產科組織開始成形。2月中，新處長在聽取國際學舍簡報後認為新方案對教育部有風險，且適逢臺北市爆發文林苑都市更新案事件，社會氛圍不佳；又因近期經濟不景氣，學產基金正面臨獎補助案申請量增加，基金開始面臨虧損的命運，故希望學產管理科再進一步說明新方案的優勢在哪。

新方案對教育部有風險

處長表示國際學舍還沒開始賺錢，就要先花 7,040 萬元去向 A 機關辦有償撥用，雖然號稱撥用部分的市值 2.6 億元，但是目前看來全部的價值都是估價師估的，如何能證明估價運算過程沒有任何違誤、如何證明估價過程沒有低估更新前的權利價值、或沒有高估更新後的「更新成本」，這些事情都須要仔細確認。

參考新北市不動產估價師公會理事長徐士堯解釋：「都更條例只說更新後，更新成本由不動產抵付，但沒有規範如何分配、選擇不動產。如此一來，建商就可以先選自己要的樓層、空間，而且事先就把這部分價值低估，這樣才能拿更多。更妙的是，後續這些房子它要賣多少錢，與估價估多少錢也毫無關連。」

適逢文林苑都更案，社會氛圍不佳

文林苑都更案事件始於王家不同意所擁有的兩塊土地和建物，被包含在臺北市政府核定的都市更新範圍內，經由樂揚建設擔任實施者規劃都市更新事業計劃興建「文林苑」住宅大樓。2012 年 3 月 28 日臺北市政府依法執行法院判決，拆除王家住宅，後續引發社會運動、王家提告 10 起訟案及全臺都更停擺等情況。因此處長認國際學舍都市更新案也應仔細考慮媒體、社會氛圍及周邊居民觀感，畢竟教育部角色特殊，形象仍應以教育及照顧學子為優先考量。

(一)輿論壓力：教育部政策搖擺不定

2013 年 3 月下旬，某學產基金委員辭職，轉任臺北市副市長，其受訪時表示，教育部政策搖擺不定，致使北市府公辦都更案建設期程不斷延宕。

(二)更新時程壓力

依據臺北市都市更新自治條例第 19 條規定，都市更新事業建築容積獎勵公式為：$F = F0 + \triangle F1 + \triangle F2 + \triangle F3 + \triangle F4 + \triangle F5 + \triangle F6$，其中$\triangle F3$為更新時程獎勵，內容略為：「經主管機關劃定應實施更新之地區（單元），於公告後一年內申請實施更新者，給予法定容積百分之十之獎勵容積；公告後二年內申請實

施更新者，給予法定容積百分之八之獎勵容積…」。本案國際學舍都市更新案是2012 年 4 月中送件，如果不在 2013 年 4 月中前報送都市更新事業計畫，則更新時程容積獎勵將會減少，亦即原本的建築設計將要重新調整，選配方案也要跟著調整，大家將重新再忙一場，此時，A 機關及北市府不斷要求教育部要在 3 月底前給一個確定的結果。

九、找新的估價師重新檢視，排除疑惑，使案件順利進入公展階段

2013 年 4 月 3 日，為了解決處長疑惑，並維護教育部學產基金的利益，比大筆位階更高的專員找來當初為國際學舍都市更新案估價，但沒被採用的 D、E 估價公司，來協助重新檢視估價報告書的各個環節，確認估值是否正確，其結果並報請學產基金管理委員會複核，最後處長終於同意在 4 月上旬回復北市府，教育部將採新的選配方案作最後的結果。在實施者及規劃公司努力下，本案順利報核，並進入公開展覽階段。

十、進度再度延宕

　　2013 年 5 月中，公展結束，進入實質審查階段，此時「都市設計審議委員會」要求提出樹木保護計畫，經 B 建設公司請協力廠商對都市更新基地作完整的調查後發現，基地上的老樹有褐根病問題，褐根病就是樹木的癌症，必須經過地質改良、煙燻基地等措施，使褐根病根治後，始能繼續審議，因此本案再度進入等待。

　　在此同時，基地內的私人 2 戶向「都市更新審議委員會」陳情，分回房地面積較原來的少，要求兌現市長的競選承諾「一坪換一坪」，會中部分委員向程家說明如要多換回坪數，可改選低樓層，較能換到更多的坪數；另外如果私人 2 戶想自本都市更新案劃出是可以的，只是由於私人 2 戶的建築基地面積過小，自辦都市更新的效益一定比現在低，請私人 2 戶再三思，另外責請 3 位公地主（教育部、A 機關、北市府）能在適度範圍內，給予程家 2 戶更好的選配結果。考量社會觀感，在 3 位公地主取得共識下，另請 B 建設公司協助做圓滿的處理。

　　待以上零星事件皆處理好後，大筆考上新北市地方特考三等考試，在 2014 年3 月經由考試分發離開學產管理科，離職前聽聞 B 建設公司經理告知，本案順利的話，將可於 2014 年底領到建築執照，開始動工。

十一、變數再起

2014 年 12 月 25 日柯文哲宣誓就任臺北市市長，市長認為這個案子北市府選了太多的停車位，對北市府不利，北市府是要蓋公營住宅，住公營住宅的客群較無停車需求，況且捷運中正紀念堂站在步行 10 分鐘會到的距離。相較而言，停車位對北市府來說太多餘，又貴又不好租出去，希望教育部能多吸收停車位，但教育部立場何嘗不是如此，住國際學舍的客群同樣較無停車位需求，故難題產生。

另外，A 機關署長換人，當初承諾協助教育部透過都市更新權利變換制度取得國際學舍全部所有權這事，因為覺得未來時間一久、變數太大，如果教育部沒有提錢（有償撥用）來買回國際學舍屬於 A 機關的這部分，這樣 A 機關會覺得很虧，所以希望教育部能給具體承諾，保證這個都市更新案結案後，教育部真的會來辦有償撥用。

貳、教學手冊

一、個案總覽

本案描述教育部想利用都市更新興建國際學舍的過程，因適逢內部組織改造、處長換人，致政策接軌上，遭遇瓶頸；嗣發生臺北市民選首長換人，致發生政策變更、進度延宕等情事，如何有效溝通、協調，避免過多的政治涉入、紛擾，即成為思考、決策設計的重要方向。

(一)個案時間軸

表 2-1　國際學舍都市更新案之重要沿革表

年	月	日	重點摘要	登場人物
2010			1.教育部部長在全國人才培育會議承諾要改善外籍生在臺住宿環境，決議興建國際學舍。 2.北市府想蓋公營住宅，完成當時市長競選時的承諾，遂與教育部、A 機關協商，由北市府主導辦理公辦都市更新。	教育部部長、北市府
2012	6		北市府公開甄選結果，由 B 建設公司擔任實施者。	B 建設公司
2012	9	4	教育部召開學產基金管理委員會不動產經營運用小	教育部

年	月	日	重點摘要	登場人物
			組會議，決議參與更新後建物選配順序為：「國際學舍、1 樓店面、出租住宅及地下停車場」。	
2012	9	11	召開都市更新權利變換選配會議，教育部選配 2 至 6 樓國際學舍，1 樓店面 3 戶（臨主要道路側），地下 2 樓獎勵停車位 30 部，地下 4 樓法定停車位 78 部。分回建物價值總計 31 億 10 萬 2,976 元，另有找補金額 163 萬 323 元。	教育部
2012	10	4	小冠奉准召集教育部學產基金管理委員會委員召開「研商教育部參加臺北市某都市更新案調整分配更新後建物會議」，決議在不違反實施契約規定前題下，改以分配 1 樓店面為優先，再行分配樓上層，如國際學舍樓層（2 至 6 樓）面積如有不足，需增加分配部分，則協請 A 機關同意協助選配。	教育部、小冠
2012	10	5	大筆調任至教育部總務司（秘書處前身）服務，遇到前任承辦人員兼師父的小冠，小冠交代大筆依 10 月 4 日會議紀錄聯絡北市府財政局，看有無可能變更實施契約內，教育部至少應分回 225 間國際學舍之內容；北市府回應盡量不要修改契約。	小冠
2012	12	19	教育部惠請北市府開會協助解決教育部新的選配需求，會中 B 建設公司的都更規劃公司副理提議，由教育部及國產署共同選配 2 樓國際學舍(共 39 間)，即可解決實施契約的限制。	經理、副理
2013	1		教育部組織改造，總務司更名為秘書處，處長換人，秘書處底下學產管理科，新增課長一職。	教育部秘書處處長
2013	2		教育部秘書處從其他科調任 2 名專員至學產管理科。	專員
2013	3		某學產基金委員辭職，轉任臺北市副市長，受訪時表示，教育部政策搖擺不定，致都更案不斷延宕。	某教授
2013	4	3	教育部秘書處學產管理科專員找 2 家估價公司協助重新檢視估價報告書，其結果經學產基金管理委員會複核後，處長同意於 4 月上旬回覆北市府，教育	專員

年	月	日	重點摘要	登場人物
			部將採新的選配方案作最後的結果。嗣本案順利報核，進入公開展覽階段。	
2013	5		都市設計審議委員會要求 B 建設公司提樹木保護計畫時發現，更新基地有褐根病問題，須根治後始能繼續審議。	都市設計審議委員會、B 建設公司
2013	5		基地內的私人 2 戶向都市更新審議委員會陳情要一坪換一坪，在 3 位公地主取得共識下，請實施者 B 建設公司協助給予私人 2 戶更好的選配結果。	都市更新審議委員會、B 建設公司
2014	3		大筆考上新北市地方特考三等考試，離開學產管理科。	大筆
2014	12		本案取得建築執照	B 建設公司專員
2014	12	25	1.柯文哲宣誓就任臺北市市長，柯市長認為這個案子北市府選了太多的停車位，對北市府不利，要緩一緩。 2.A 機關署長換人，責請教育部就未來洽 A 機關辦理有償撥用一事，給予具體承諾。	臺北市柯文哲市長、A 機關署長

資料來源：摘錄自個案機關資料。

（二）登場人物介紹

表 2-2　登場人物介紹表

編號	人物	說明
1	大筆	個案主角，2012 年 10 月剛商調至教育部總務司學產管理科服務，剛進去時，學產科內人數較少，沒有科長及專員指揮管理，因此只能從文獻中摸索案件的處理方式。2013 年 1 月適逢組織改造，單位更名為教育部秘書處學產管理科，科長產生，同年 2 月始調進來 2 位專員。
2	臺北市長柯文哲	運用媒體的力量，成功的選上臺北市市長，並在 2014 年 12 月 25 日宣誓上任，接任初期社會大眾賦予其帶來革新的力量。柯亦沒讓大家失望，隨即對三創事件、遠雄大巨蛋案出手。

編號	人物	說明
3	專員	教育部秘書處學產管理科的專員，職位在大筆之上，於 2013 年 2 月進入學產科，是位能力非常厲害的人。
4	小冠	為大筆剛到教育部的師父，原任教育部中部辦公室學產管理科承辦人員，為派遣人力，2012 年因組織改造，學產業務被接到臺北的教育部部本部處理，因而離職到與學產業務有關的私人機構上班。
5	經理	任職於 B 建設公司的經理，與大筆友好，多次協助大筆解決國際學舍都更案難題。
6	副理	任職於都市更新規劃公司，為 B 建設公司在國際學舍都市更新案內的合作夥伴，也是大筆大學同學的老公兼大一屆的大學學長。
7	處長	2013 年 1 月接任教育部秘書處，擔任處長一職。
8	私人 2 戶	為國際學舍都市更新案內，唯一的 2 戶私地主。

二、教學目標與適用課程

　　因公共建設常非短期內能完成，故如何克服專案規劃、執行階段所遇諸如機關首長或承辦人員換人等種種困難，避免公共建設延宕或停止等情事發生，則如何避免過多政治涉入、紛擾，及有效的專案管理、溝通、協調，即成為思考、決策設計的重要方向。以下是適用課程說明。

表 2-3　適用課程說明表

課程名稱	說明
專案管理	1.專案管理程序區分為起始、計畫、執行、管理與控制、結案等 5 個步驟，透過個案閱讀，可以更清楚瞭解各步驟的內涵。 2.專案管理有 9 大知識領域，其中在整合管理中可說明如何整合各個管理層面，以實現專案的目標；在範疇管理中可說明都更的各執行與控制階段所隸屬的工作範疇有哪些，以免陷入無止盡的延伸，導致無法如期結案；在時間管理中可說明專案的時間該如何規劃與排程；在成本管理上可說明控制、估算所涉費用；在品質管理上可說明在預定的時間預算內，如何達到一定品質；在人力資源管理上可說明如何做好教育訓練，以避免人員異動

課程名稱	說明
	時，接軌問題的產生；在風險管理上可說明有哪些情況可能發生，如何因應與控管。
企業倫理	1. 在利害關係人管理課程時，可規劃利害關係人管理流程及應對策略。 2. 在企業社會責任課程，可說明教育部學產基金雖然是公基金，賺錢乃是為了輔助教育事業及照顧弱勢學子，然仍須注意其自身的企業倫理及社會責任。在當今時代，如果企業只追求利潤而不考慮企業倫理，則企業的經營活動已越來越為社會所不容，必定會被時代所淘汰。故瞭解企業（機關）責任的涵義及其重要性、企業（機關）社會責任的不同觀點、利害關係人、管理者道德等三種觀點及其影響管理的因素，是很重要的。
土地經濟學	1. 在地租理論課程時，可藉由租隙概念，導引出為何會有都市更新需求。（例如：當容積獎勵拉大租隙，有利可圖時，地上建物就有可能會翻修或重建）。 2. 在討論土地市場時，說明因土地的特性會導致市場失靈發生，因而須要政府介入。但政府並非萬能，透過政府干預可能是無效率行為。 3. 在寇斯（Coase）理論課程，可說明寇斯對政府失靈（干預）提出質疑，主張當財產權界定清楚，在交易成本為零之情形下，藉由市場協商，不論財產權賦予給誰，均會達成資源最有效率之配置。惟當協商人數眾多，交易成本很高，協商就不易成功，因而資源無法達到最有效率之配置。
供應鏈管理	1. 在採購與委外供應鏈策略分析課程中，可以描述政府機關需發包專業廠商（建商），就像製造業中請上游代工的概念，但承辦人不見得具有專業廠商的知識，那麼面對廠商提出的各種規格甚至是不合理要求，如何回應並管理？畢竟教育部才是主體，一旦出現問題，民眾怒氣的對象是教育部，而非施工廠商。

三、教學建議

　　教師授課時的流程安排、授課時提問的方向以及參考的討論意見、版書的規劃等，皆在本節進行介紹。

(一)個案流程安排

　　個案主題為「民選首長更替之後，公共建設就要重來嗎？」，建議以 120 分鐘做為本個案的課程規劃，詳細流程見表 2-4：

表 2-4　個案流程安排表

個案流程	管理理論	相關課程	時間
課前研讀、分組討論	－		50 分鐘
個案簡介	－		10 分鐘
問題討論與個案分析：	－		
Q1.規劃或興建中之公共建設，每逢民選首長換人就會被重新檢視，結果往往使得公共建設期程延宕或停止興建，請問您認為首長該介入嗎？介入多少比較適當（遵循前朝規劃，或重新檢視）？	管理之陰陽表裡理論、寇斯定論	專案管理的風險管理、土地經濟學的地租理論、交易成本理論	
Q2.本案國際學舍都更案的利害關係人有哪些？	利害關係人理論	企業倫理的利害關係人管理	
Q3.教育部因其機關性質特殊，決策前應考慮哪些因素？國際學舍興建屢屢面臨難題，如果您是教育部長，該如何決策？	最低道德限度理論	企業倫理的社會責任	50 分鐘
Q4.都市更新案動輒 5 年、10 年以上，又面臨首長的更替，承辦人該如何在整個案子中扮演好自己的角色？	向上管理	專案管理的整合管理、人力資源管理	
Q5.公務人員並不一定擁有多項領域的專業知識，易造成非專業領導專業，除了發包給專業廠商外，還有其他解決方向？	供應鏈管理	供應鏈管理的採購與委外供應鏈策略分析	
個案總結與建議			10 分鐘

（二）個案分析

Q1.規劃或興建中之公共建設，每逢民選首長換人就會被重新檢視，結果往往使得公共建設期程延宕或停止興建，請問您認為首長該介入嗎？介入多少比較適當（遵循前朝規劃，或重新檢視）？

1.　重新檢視前朝規劃的公共建設常是民選首長被賦予的任務之一，其起因於選民對於前朝施政的不滿意，然而這常會造成一個結果，就是首長與其率領的團隊，各個都想憑一己之力拯救世界，用意良善，但其實現今大臺北地區的公務員業務負擔已沉重，新任首長及團隊常在流程改善再造這塊，只著重更

多的成果輸出，卻常忽略應對流程先做精實，切除浪費，減輕流程負擔後才能更有效的產出。

2. 首長在公共建設上擁有絕對的否決權，如果要阻止一個案子進行，首長可對業務單位直接施壓，或對建商的其他案子施壓，或訴諸輿論媒體，以民意迫使建商進入協商，或辦理都市計畫迅行變更，將住宅區變成公園，就算訴諸訴訟，也會因判例已說明都市計畫變更乃地方政府的自治權限之一，而以敗訴收場。也就是首長在介入上擁有絕對的權力，正確的操作可以贏得選民民心、獲得公平正義名聲、找到自己的政績；相反的則有可能在案子內重新分配資源「轉陽為陰」，例如有的公共建設初期會以低價競標，後期再不斷追加預算，從中分配資源、謀取私利，此時只能藉由不斷的政黨輪替、選舉氛圍及社會輿論，才有可能去終止如此投機行為，但也會因此付出延宕公共建設期程或立場不同的中止公共建設等情事發生，以下藉由討論管理元素之陰陽表裡理論，來說明每個人在組織中所有可能產生的陽面及陰面，當大型組織逐漸走向僵化時，各級官員的「陰面目標」或個人利益將影響正式組織的正常運作與長期生存。

3. 管理元素之陰陽表裡理論簡介：
一般管理學在討論規劃、組織，甚至決策時，多半假設管理者能全心全意配合組織目標來評估利弊、採取行動；然而在討論激勵方法或溝通領導時，又隱約假設組織中每個人其實都有自己的個人目標或人生方向。這兩種理論體系間似乎存在某些前提上的矛盾。至於高階管理人或管理團隊「公私」間的分際，在實務上十分重要，學理上卻又往往略而不談。六大管理元素中，以「目標體系或價值前提」在組織與個人間的差異或矛盾最為明顯，也最重要，而其他幾大管理元素也分別都有陰陽表裡的現象存在，說明如下：

表 2-5　六大管理元素的陰陽表裡

管理元素	陽面（表）	陰面（裡）
目標與價值前提	組織績效、滿足顧客、市場占有率等目標。	個人生存、健康、財富、名望、權力、家庭幸福等個人目標。
環境認知與事實前提	正式管道所提供的資料或事實	每位成員因個人背景、非正式組織，或外界網絡接觸而帶進組織的資訊或事實認知。
決策與行動	策略計畫、成長方向、廣告行銷等組織決策。	前程規劃、個人去留、是否要加入此一組織、願意投入多少個人資源於此一組織等個人抉擇。
創價流程	制式標準流程；組織正式規定的流程制度。	工作人員各自運用本身的方法去進行工作或「創價」；越級報告或越級指揮，甚至形成與組織正式規定完全不同，但又不見諸書面的「例規」。
能力與知識	屬於組織的知能。	屬於個人的知能。
有形與無形資源	屬於組織的資源。	屬於個人的資源。

4. 從陰陽表裡可以對組織與成員關係產生更進一步的瞭解，而成員與組織之間在各個管理元素方面的交流與轉換，更是達成組織目標、滿足成員個人目標的重要途徑，然應防範不正常的「轉陽為陰」，分清公與私的分際，避免倫理問題，以使法律規範更明確存在。

5. 假如政府介入過多，則可能產生政府失靈。所謂的政府失靈，指借助政府力量解決市場失靈，但政府並非萬能，透過政府干預可能是無效率行為。導致政府失靈原因有資訊收集不足、決策難免錯誤、影響私有市場之效果有限、政治運作過程複雜、政策目標與執行成效之落差等原因。

6. 市場失靈，指財貨或勞務之供需，無法透過市場的價格機能有效運作。為了解決市場失靈問題，提倡政府介入。

7. 為了解決政府失靈，寇斯（Coase）理論主張採用市場協商，當財產權界定清楚，實際效果範圍與法定財產權範圍完全一致，則達成資源最有效率之配置。換言之，不論財產權賦予給誰，均能達成最適經濟效率，其影響只會造成私人間財富重分配而已。惟當協商人數眾多，交易成本很高，協商就不易成功，

因而資源無法達到最有效率之配置。

8. 寇斯定理，簡易說明如圖 2-1，MR 表示工廠之邊際收入曲線，MC 表示工廠之邊際外部成本曲線。農民為了減少汙染，而限制工廠生產，故工廠之產量為 Q0。由於生產有利可圖，工廠會主張與農民進行協商，在不損及農民權益下，補償給農民△Q0DAQ1，而使產量由 Q0 增加至 Q1，此時工廠協商利得△ACD。這項利得誘使工廠主動與農民進行協商，最後產量落在 Q1，達到資源最有效率配置。

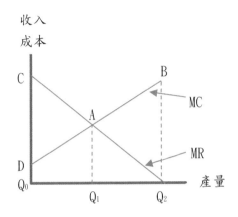

圖 2-1　寇斯（Coase）理論模型圖

9. 財產權，指吾人對某項財產權擁有使用、收益、處分、排他之權利。財產權之功能，在於決定所得與財富之分配、可以減少人類使用自然資源之衝突、可以有效配置資源、可以誘使地主投資改良土地、可以配置現在與未來之間的使用、可以減少交易成本。

10. 交易成本，指交換所有權所須付出之成本。這些成本包括：搜尋資訊之成本、雙方議價尋求真實價格之成本、訂定契約之成本、監視與執行契約之成本、保護財產權排除他人侵權之成本等。當交易成本等於零時，資源配置最有效率；如交易成本大於零，則會限制或阻礙資源的配置效率。然而現實社會交易成本無所不在，因此如何建立完善制度，以減少交易成本，促進市場效率，則為新制度經濟學所提倡。

11. 本案在業界的看法，B 建設公司已在都市更新的實施契約中明訂都市更新共同負擔成本上限不能超過 22％，亦即對所有地主而言，成本將不會無止盡的墊高，然而亦代表案子拖越久，對建設公司越不利，案子無疾而終的可能性越大，又或導致規模縮小，無論何者，皆對社會造成很大的無謂損失。

Q2.本案國際學舍都更案的利害關係人有哪些？

1.　利害關係人間的利益常常是相衝突的，因而除了認定利害關係人是誰之外，也要瞭解利害關係人之間的衝突或潛在衝突，進而加以因應或管理。利害關係人議題有三個面向問題需要思考，一是利害關係人是誰，其次是利害關係人的需求為何，三是他們如何滿足需求，分析如表 2-6。

表 2-6　評估教育部國際學舍都更案的利害關係人及其個別策略

名稱	角色	對本案的影響力	個別策略
臺北市政府財政局	公部門(公地主)	(1) 市長擁有最後的否決權，可藉拒發建使照、都計變更、對建商其他案子施壓等方式，迫使全案進入協商。 (2) 擅於引領媒體、輿論方向。	(1) 同為公部門，且須藉由本案興建公營住宅，故都更案如能順利進行，亦為其所求。 (2) 因其在本案影響力最大，能迫使其他機關協商其所提方案，故須多加溝通協商，以求圓滿；倘所提方案無法接受，可以拖待變，畢竟期程已延宕，各自興建需求已無急迫性。
A 機關	公部門(公地主)	以其更新後權利價值，協助北市府及教育部取得所需，並要求更新後須立即洽該署辦理有償撥用。	國產署想將其土地換錢走人，故事前多請教、協商，並給予所需承諾即可。
B 建設公司	實施者(建商)	協助都更案估值、提方案、試算費用、解決問題、協商等。	注意相關權值、費用計算方式、保持友好關係、配合處理事務需求，如進入基地許可、樹木移植處理等。
私人 2 戶	私部門(私地主)	覺得更新讓他們承受很多的損失，例如坪數(建坪)變少，所以會不斷陳情，要求合理補償。	(1) 本案公地主佔比極高，無須程家 2 戶同意，即可主導都更案方向，惟仍須注意社會觀感。 (2) 「一坪換一坪」與容積獎勵多寡有關，本案容積獎勵並無法做到最大值，故只能在所有公地主取得共識

			下才能給予適度調整。
			(3)　過度讓利，也是執行公務所不被允許的，恐涉及圖利私人罪名，故仍須警慎為之。
臺北市民	第三者	民眾對於公平正義有疑慮時，會發動抗爭、陳情等方式，阻止案件進行。	本案應注意案內私人產權的公平正義是否有維護、是否合理，並且要注意資訊的公告、週知，避免民眾在資訊不全下，做錯誤決策。

2.　為什麼私人會覺得有損害呢？其土地原有許多建商尋求合建，但現在被劃入更新基地，因對開發時程的認知不同，加上對於分回的產品不滿意，故會不斷尋求陳情解決。該部分可藉由土地徵收的稟賦效果來解釋：

(1)　所有權人（被徵收者）立場－願意接受：

如圖 2-2 所示，AB 代表土地所有人之無異曲線（表示兩種商品或兩組商品的不同數量的組合對消費者所提供的效用是相同的，任一點所代表的組合給他所帶來的滿足都是無差異的），如果土地所有人被徵收 OC 的土地，則土地所有人願意接受 AD 的貨幣補償。如此才能滿足土地所有人在 A 點與 E 點的同一效用狀態。

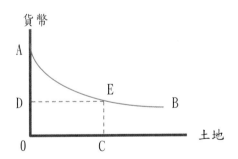

圖 2-2　土地所有人之無異曲線圖

(2)　徵收者立場－願意支付

如圖 2-3 所示，徵收者有預算線 FG 之限制，FG 之斜率即平均市場地價。此時，徵收者願意支付 FD 的貨幣，以獲得 OC 的土地。但就土地所有人而言，其效用水準將由無異曲線 AB 降低至 FH。

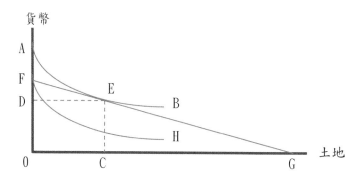

圖 2-3　徵收之稟賦效果圖

(3) 土地所有人願意接受 AD 的地價補償，而徵收者願意支付 FD 的地價補償，二者差距 AF 即土地徵收之稟賦效果所造成。對土地所有人而言，其實是一種消費者剩餘的被剝奪，故應給予高於市價之補償。如土地徵收以市價或更低價補償，將導致取得土地之社會成本被低估，影響資源配置效率問題（例如：投入過多土地、土地由高生產效率移至低生產效率使用等）。

3.　利害關係人理論

　　指在組織中會影響組織目標或被組織影響的團體或個人(Freeman,1984：46)。Freeman 列舉了企業的五大關係人：「供應商、顧客、員工、股東、企業所處的區域、全國、甚至國際社區」，分為主要與次要二大類。企業實際上應包括哪些利害關係人，則須視企業的特性而定。

(1) 主要利害關係人：供應商、顧客、競爭廠商、員工、股東、債權人。
(2) 次要利害關係人：保障消費者權益團體、其他利害關係人、保障婦女權益團體、職業團體、工會、媒體、其他策會公益團體、企業所處的社區、環保團體。

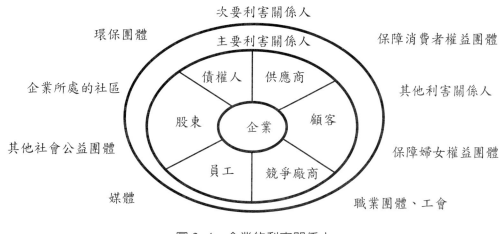

圖 2-4　企業的利害關係人

　　公共政策學者亦將利害關係人概念廣泛應用在公部門事務的制定與管理上，提出政策利害關係人的概念，並將其界定為受到政府政策影響或影響政府政策的團體或個人。例如，公民團體、勞工聯盟、政黨組織、民選領袖以及政策分析家等。任何一項政策，必將涉及或多或少的政策利害關係人；制定政策者必須認定政策利害關係人，才能制定符合公平正義原則的政策，否則社會必然興起不平之鳴，造成政策窒礙難行(丘昌泰，2000)。因此，政府的政策、計畫或方案的施行成功與否的關鍵，除繫於政策與計畫本身的周延性外，亦取決於政府與政策利害關係人之間的互動關係。而對於利害關係人的重視不但有助於處理反對與衝突的意見，更可整合不同利害關係人或團體的利益，以及擴大決策的民意基礎，並極小化潛在問題與利益衝突(廖英賢，2002)。

4.　根據利害關係人理論檢視，仍應注意媒體觀感、社會輿論、周遭居民及民眾感受等，才能符合大眾所認知的公平、正義。

Q3.教育部因其機關性質特殊，決策前應考慮哪些因素？國際學舍興建屢屢面臨難題，如果您是教育部長，該如何決策？

1.　決策前應考慮政府立場、選舉氛圍、民間觀感、社會輿論、企業倫理與社會責任…等，在追求利潤最大化的目標之外，也要考慮成本、提升員工滿意度以及當地社區居民的權益等。

2. 依最低道德限度理論說明，主張企業（學產基金）在追求利潤最大化的同時，必須符合基本的道德要求。

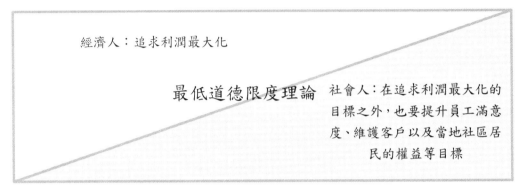

圖 2-5　企業在社會責任扮演的角色光譜

3. 給教育部決策的建議：

(1) 重新檢視需求

2010 年教育部部長承諾蓋國際學舍，以提升外籍師生的居住品質，時過境遷，應重新確認是否仍有需求，或應確認是否該轉換需求客群等等。

(2) 評估未來規劃：

停車位不論誰分配多寡，其實未來都會找物流業者進駐，統一經營管理，其風險僅在誰越多誰越有可能負擔閒置損失。另本案具有一般住宅大樓、公營住宅及國際學舍等三種不同族群，在居住品質及管理規劃上，不易控管，須多加考慮安排；又教育部須預為因應未來在該棟大樓管理委員會上投票權僅 1 票之問題，避免諸多決策都受制於管委會的窘境，例如 1 樓店鋪冷氣損壞等裝修維護，遭管委會限制裝修時間、期程、位置或其他不合理要求等。

(3) 學產基金其他類似土地，應謹慎選擇是否輕易加入他人的都市更新計畫，本案時至今日已損失多年的公告地價 5%的租金損失，且每年皆會遭到國產署列管閒置公有土地，種種情形皆不利已逐漸虧損的學產基金運作，應避免再重複發生。

Q4.都市更新案動輒 5 年、10 年以上，又需面臨首長的更替，承辦人該如何在整個案子中扮演好自己的角色？

1. 本案主角大筆所遇困擾如下：

(1) 一個蘿蔔一個坑，前任離職，新的才能補進來，沒有資深前輩能帶領或進行有效的業務交接。

(2) 大筆前一份工作是在地政事務所上班，只要會地政領域的專業即可；但現在是公產管理領域，須要同時具有地政、都市計畫、建築管理領域知識才行。例如在規劃階段，連每個房間陽台的空調也要管，是架高，增加個人生活起居空間好呢；還是放在陽台外面，再做板子遮住等等，很多事情須要注意、須要經驗。

(3) 好不容易找到新方案，但卻被質疑新方案的可行性。

2. 大筆所須扮演的角色是溝通、協調及流程控管，可利用「向上管理」概念來處理，向上管理三個關鍵原則：堅持積極、堅持小事、堅持溝通。

(1) 原則一：堅持積極

積極是一個態度，但是態度很容易受到環境的改變，尤其遇到不認同的主管與企業環境時，這樣的態度會消失的很快，堅持積極的關鍵就是你看待主管的態度，「他應該是我要幫助與服務的對象」，也就是你知道你被指派的任務雖然完成了，但卻不一定可以達到計畫或專案任務的策略目標，大多數的員工則是以完成任務作為任務的句點，卻沒有多去思考這手上的任務是否達成了當初主管腦中那需要被達成的目標。

(2) 原則二：堅持小事（團隊溝通）

除了處理職務上的任務外，主動積極的找尋那些未被人撿起但卻需要被處理的事情去發揮，在大部分的時間裡這些事情大多都是事前溝通、團隊向心力與時程管理等事項，像是需要有人跟催，需要有人主動進行跨團隊溝通。有時候讓團隊整體往前的關鍵，就是由很多這樣的小事所建構起來。不論大事或小事他們都有一個恆久不變的特質，那就是「都需要有人去處理」，事情再小，沒處理都會變成最後壓垮人，或是大大的降低專案品質的原因。

(3) 原則三：堅持溝通

管理，是為了讓任務預期品質的執行與整合。今天當你收到一個任務時，有沒有對這任務做一個基本的盤點？其實不論向上或是向下管理，要完成一件任務的基本資訊是不會變的，人無法在黑暗中雕出一座沙堡，要完成一件任務就該有基本的資訊：「何時要？要做到什麼程度？有無資源（預算、人力、技術）？」，這些都是主管可能在交代任務時會忘記的資訊，應該在第一時間掌握，若缺了這些資訊，將有可能會做白工，因此應該要主動提問。

3.　我們都知道主管常須面臨有限決策，手邊有多少資訊，下多少決策。因此身為承辦人員就必須幫助主管下正確且重要的決策，平時須事前多方收集資訊、開會前先與與會單位溝通協調、確認問題及方向，再提供給主管做決策，決策時仍可附上本於專業上應注意事項及建議，以利政策不致偏頗誤謬。另外，也必須注意政策資訊的保密、各項決策的法律責任風險，做好明哲保身，以利順利執行各項專案業務。

Q5.公務人員並不一定擁有多項領域的專業知識，易造成非專業領導專業，除了發包給專業廠商外，還有其他解決方向？

1.　公辦都市更新案，在初期甄選實施者（建商）時，都會請所有參加甄選者，說明自己曾經處理過的案例或者經驗，就好像建商貼在網站或者自家公司周圍圍牆上的建案一樣，成果越多，代表越有能力複製過去成功經驗、解決問題，使案子順利進行，此發包專業廠商模式類似供應鏈管理。

2.　所謂供應鏈管理（Supply Chain Management ,簡稱 SCM），指在滿足一定的客戶服務水平的條件下，為了使整個供應鏈系統成本達到最小而把供應商、製造商、倉庫、配送中心和渠道商等有效地組織在一起來進行的產品製造、轉運、分銷及銷售的管理方法。供應鏈管理包括計劃、採購、製造、配送、退貨五大基本內容。

3.　以國家發展委員會運作模式為例，案子初期提計畫需求書時，會外包學者進行審視，或送外部委員會運用集體智慧來定期審案件。另一方式為放置特定網站，供公眾閱覽，尋求大家對於案內所涉土木、公共安全、抗震、交通出入、永續、節電、種植物、防水等專業知識提供意見，藉由公眾智慧來解決單一承辦人對案子的掌握與瞭解的盲點與不客觀等因素。

4.　小結：應避免讓人有非專業領導專業的印象，但實務上政府機關若不加以干預，又易被說成在案子上無作為，任憑建商牽著鼻子走，或有圖利建商的疑慮等，使公務人員在處理事情上，會產生許多不必要干擾，而可能下錯誤決策的困境。

(三)板書規劃與導引

黑板使用順序如下：
1.　將左、中、右的外側黑板降到下層。

2. 先在中間黑板討論完 Q1，再至左邊黑板討論 Q2，之後在右邊黑板討論 Q3，都討論完後，將 3 個黑板移至上層。
3. 再至右邊黑板討論 Q4（教育部承辦人角色），以利對照右上 Q3（教育部如何決策）的答案。
4. 左邊黑板討論 Q5 結束後，再回歸中央黑板做最後的總結與建議。

Q2	Q1	Q3

↓

Q2	Q1	Q3

↓

Q2	Q1	Q3
Q5	總結與建議	Q4

圖 2-6　板書規劃示意圖

(四)個案理論分析架構

1. 理論與實務相互驗證

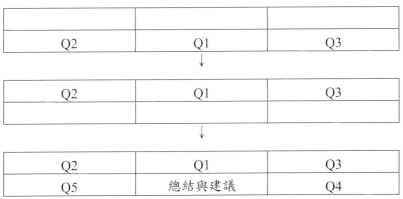
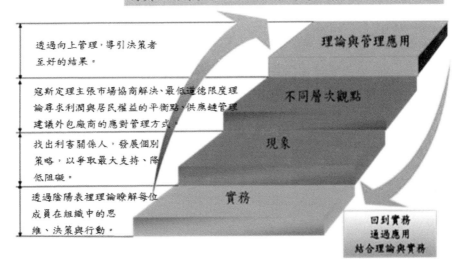

圖 2-7　理論與實務相互驗證圖

2.　四大層次的研究議題

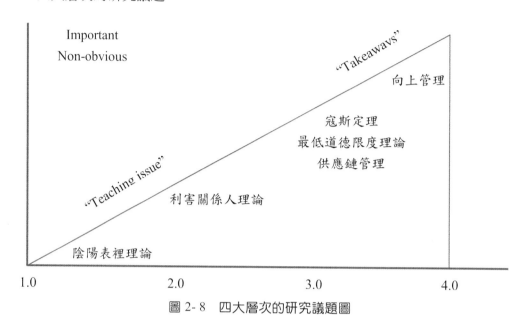

圖 2- 8　四大層次的研究議題圖

四、後記

　　截至 2016 年 4 月止，國際學舍都市更新案仍在協商階段，未動工。希望本案最後能克服各項難題，讓國際學舍、公營住宅等順利興建，以造福更多的學子及公民。

參、參考文獻

1.　司徒達賢著，2013 年 8 月 27 日第二版，管理學的新世界，遠見天下文化出版。
2.　張博亭，2014 年 12 月 25 日，剛上任就有抗議 柯 P 稱他就是來解決問題的，蘋果即時/臺北報導。
3.　三創數位生活園區，2016 年 5 月，維基百科。
4.　林秋綿，2012 年 12 月，學產基金土地之統計與運用規劃，教育部委託國立臺北大學不動產與城鄉環境學系研究製作。
5.　鐘聖雄，2011 年 3 月 11 日，血淚都更系列三：權利變換魔術秀（上），公視新聞議題中心/專題報導。
6.　鐘聖雄，2011 年 3 月 11 日，血淚都更系列三：權利變換魔術秀（下），公視新聞議題中心/專題報導。

7. 殷章甫，2006 年 7 月 1 日，土地經濟學，五南圖書出版有限公司。

8. 林森田，2008 年 8 月 1 日，土地經濟學，林森田。

9. 許文昌，2015 年 9 月 1 日，土地經濟學（圖形分析），高點文化事業有限公司。

10. Freeman, R. Edward， Harrison, Jeffrey S./ Wicks, Andrew C./ Parmar, Bidhan/ De Colle, Simone，2010 年 5 月 24 日，Stakeholder Theory，Baker & Taylor Books.

11. 王嘉男、朱彥貞，2014 年 2 月，專案管理，科學發展 494 期，P.64。

12. 孫治華，2014 年 3 月 31 日，向上管理的真義：幫助那些半殘的主管們，CAREhER。

13. 廖勇凱，2016 年 1 月 1 日，企業倫理學－理論與應用第 3 章利害關係人管理，智勝文化事業有限公司。

14. Raymond A. Noe, John R. Hollenbeck, Barry Gerhart, Patrick M. Wright，王精文編譯，2016 年 04 月 22 日，人力資源管理：全球經驗本土實踐（6 版），華泰文化。

剪紙藝術與精品產業結合之創新案例

陳彥廷[1]

摘要

　　作者於 2016-2017 年受邀為格蘭父子洋酒（William Grant&Sons）、古馳時裝（Gucci）、寶格麗珠寶（Bulgari）、101 購物中心（Taipei 101 Mall）、新光三越百貨（SKM）等精品產業進行五個產學合作個案，設計主題剪紙，並應用於限量包裝、宣傳製作物、店裝陳列等，將傳統東方藝術結合西方精品品牌，創作富有時尚感且具市場實用性的剪紙新風格。

關鍵字：剪紙、精品、跨界合作、節日行銷、傳統藝術、時尚創新

壹、個案本文

一、個案背景、總覽與目的

　　精品產業，以提供精緻商品與細膩服務為定義，具有價格高昂、物料珍稀或工藝卓越特性，因相對於「必需品」而被稱作「奢侈品」，在經濟學上指價值與品質關係比值最高的產品。精品產業賴以生存的是其品牌與文化的高度和諧一致，從設計、製造、服務、包裝到通路，都有別於大眾市場，以高端工藝、文化素養和審美情趣，積累品牌內涵與價值；並透過廣告、公關、媒體策略引導需求、強調個性，獲得目標客群的認同與忠誠。

　　在精品產業強大的行銷系統中，節日行銷是相當重要一環，除了有效刺激消費，也是塑造並活躍品牌形象的最佳時機。節慶會產生集體的制約行為，歡騰的氣氛讓人們想送禮物犒賞自己或表達心意，原本捨不得購買的奢侈品，在特別日子變成特別的禮物。此外，節慶蘊藏人們共同的情感，聖誕節期盼好事發生、新年來臨會想許願、父親母親節會特別感謝父母⋯只要妥善抓住共同情感，就能引

---

[1] 國立臺灣科技大學建築系助理教授

起消費者與品牌的共鳴。在每逢過節便百花齊放的各種行銷活動中，筆者有幸獲得五個精品品牌與通路邀請，協助品牌進行節日行銷及限量商品設計，5 個產學個案合作進行模式與目的概分如下。

(一)節日行銷：

以剪紙喜慶特質突顯節日氣氛，並透過作品內涵傳達品牌對節日意義的詮釋和主張。進行模式包括舉辦主題特展，拍攝廣告影片、賣場或店頭佈置、限量商品設計。

(二)活動行銷：

將剪紙豐富技法與品牌工藝結合，傳達品牌對精緻工藝的專注與追求，並藉剪紙在創作條件上的高度彈性，在品牌活動中製造驚喜。進行模式包括 VIP 禮品訂製、剪紙小品教學、剪紙現場展演。

二、個案公司與產業概況描述

(一)格蘭父子洋酒股份有限公司（本案由麥肯廣告股份有限公司代理）：

1886 年創於蘇格蘭，以獨立、專注、追求極致的精神釀製出無數獲獎，世界級威士忌鑑賞家一致推崇的極致首選，全球唯一在過去的 12 年中從國際烈酒大賽和國際葡萄酒與烈酒大賽累計獲得 10 次最佳酒廠的頭銜。

(二)荷蘭商開雲亞洲股份有限公司古馳台灣分公司：

1921 年創於佛羅倫斯，是全球首屈一指的高級時裝品牌，憑借享有盛譽的品質和意大利工藝，Gucci 古馳涉獵廣泛，包括時裝、皮件、腕表、鞋履、香水等，引領世界精品潮流。

(三)台灣寶格麗股份有限公司（本案由仲誼公關顧問股份有限公司代理）：

1881 年源自於希臘，1905 年第一家店創於羅馬，以精湛的珠寶工藝聞名於世，至今 Bulgari 寶格麗在全球已有超過 250 家精品店，是世界第三大珠寶品牌。

(四)台北金融大樓股份有限公司：

台北 101 大樓起造於 1998 年，2004~2010 年間曾擁有世界第一高樓紀錄，總高 508 公尺，共 101 層，其中 B1 至 4 樓共有 5 層樓的購物中心，集合世界各地最

受歡迎的流行品牌與頂尖名牌,是台灣最具指標性的購物中心之一。

(五) 新光三越百貨股份有限公司:

　　1989 年臺灣新光集團與日本三越百貨合資成立於臺北市,現已成為臺灣代表性連鎖百貨公司。本案委託分店為「信義新天地」,1997~2005 年陸續開業,由四棟大樓組成,各館之間以天橋串聯,其間設有花園及廣場,構成繁榮的百貨群。

圖 1　合作個案公司標誌,自左至右:格蘭父子洋酒、古馳時裝、 寶格麗珠寶、101 購物中心、新光三越百貨。(來源:各品牌官網)

貳、個案討論

一、傳統剪紙源流與內涵

　　剪紙是一門古老的民間藝術,又稱作刻花、剪畫,普遍流行在華人各地區與各民族間。根據歷史記載與出土文物研究,剪紙至少已有 1500 年歷史。如嚴格以創作媒材作為剪紙藝術的定義,那麼剪紙應該是在漢代造紙術發明之後才出現;但若以創作技法論,運用大量剪、割、雕、剔、刻,來表現主題輪廓與二維空間,這種鏤空藝術早在紙張發明前就已盛行,戰國時期留下的文物中,有許多以金銀箔、皮革、絹帛等薄片為材料,進行剪刻紋樣的創作,技法與剪紙如出一轍,可謂為剪紙藝術的前身。

　　由於剪紙材料、工具變通和取得都很容易,在時光長流中逐漸深入民間,成為百姓表達思想及情感的審美結晶,歷經千年發展出種類多樣、內容齊全的樣式,展現強大的民間靈魂和生命力。以下介紹剪紙發展的幾個重要時期:

(一) 秦漢以前:

早在東漢蔡倫造紙前，史籍裡便可循得剪紙概念。《呂氏春秋‧重言》「剪桐封弟」，記述了西周成王少時遊戲，隨手以剪刀將梧桐葉剪成「圭」的形狀，封弟弟姬虞為唐侯，可見剪物造形在西周初期已經出現。而晉代幹寶《搜神記》裡的一則故事，更常被視為剪紙或皮影戲的起源，傳說西漢武帝寵妃李夫人死後，武帝悲傷不已，方士李少翁稱能施術為其解憂，故明燈高懸帷帳，不久帳中果然出現李夫人身影，行走坐臥掩映生姿，彷若倩魂歸來。事實上，李少翁極可能就是以皮革或薄片剪出李夫人形象，與其說他施的是起死回生的法術，不如說是栩栩如生的藝術。

(二) 南北朝：

　　南朝梁宗懍《荊楚歲時紀》載，魏晉貴族流行以金箔、彩絹剪刻成花卉、祥鳥、春字等，貼飾在屏風、鬢髮，或於節日相贈，如詩人李商隱《人日》所言：「鏤金作勝傳荊俗，剪綵為人起晉風。」這個風雅的習俗，在民間因為一般百姓負擔不起昂貴的金箔綵絹，改以相對實惠的紙張剪花，並配合著各地民族特色逐漸深化。考古學家在新疆吐魯番盆地阿斯塔那北朝古墓群中，發現了以麻紙為料的團花折剪，推測為祭祀用，是目前發現最古老的剪紙實物。出土的五幅剪紙有四面均齊的忍冬花，也有奔騰相對的駿馬，都是將紙摺疊數次後剪出，變化複雜而富韻律感，造型生動、技法精巧，不似短時間內突然出現，可推測在北朝之前已有一段較長時間的發展，只是紙質保存不易，比北朝更早的剪紙難以發現。

圖 2　北朝對馬團花剪紙(殘)及其復原圖。（來源：新疆維吾爾自治區博物館）

(三) 唐代：

　　剪紙到唐代進入大發展時期，崔道融的《春閨二首》：「欲剪宜春字，春寒

入剪刀。」可知新春剪字已成閨中即景，是很尋常的風俗了。觀察現藏於大英博物館的唐代剪紙，如圖(3)敦煌莫高窟第17窟發現的裝飾花紙，剪紙圖案布局方正、四角均稱，以各色彩紙剪成大小不一的花瓣，層疊黏貼並施染彩繪，部分還加以鏤空處理，組成風姿各異的花團，說明當時的剪紙工藝水準已相當高超。唐代剪紙除了節慶應景、裝飾室內，還流行招魂安魂，把紙剪成錢狀，懸旐以通鬼神。杜甫《彭衙行》：「暖湯濯我足，剪紙招我魂。」記述了安史之亂後詩人落難奔逃，好友孫宰剪紙為其按撫驚措的魂魄，薄薄的剪紙見證了杜孫兩人的亂世友情，也體現出剪紙在歷代華人心中深刻的文化情感。

圖 3　敦煌莫高窟 17 號出土唐代剪紙。（來源：大英博物館）

(四) 宋代：

隨著造紙業成熟，紙品名目繁多，為宋代剪紙提供了良好的基礎條件，加以手工業和商業發達，剪紙藝術隨之蓬勃發展。立春、端午、七夕、重陽，為各種節日而剪「春勝春幡」、「釵頭彩勝」爭奇鬥艷，家家戶戶簪戴懸掛，規模之大，甚至誕生以剪紙為業的職業藝人。宋代剪紙運用廣泛、形式豐富，做為禮品的「禮花」，貼於窗上的「窗花」，婚嫁用於妝奩的「喜花」，擺襯祭祀供品的「供花」，壓勝避邪的「燭臺花」，裝飾燈盞的「燈籠花」…等等，除了各種民俗剪紙，在藝術表現上，更發展出皮革刻鏤的皮影製作、油紙製版的刮漿印花，以及獨特的剪紙貼花陶瓷，在施釉時將剪紙作為圖案，燒製出充滿生活情趣的陶瓷器。

圖4　南宋吉州窯剪紙貼花盞。（來源：佳士得藝術品拍賣）

（五）明清以後：

　　明清時期剪紙工藝達到鼎盛，折剪、刺剪、刻剪、單色剪、拼色剪、染色剪，各種技法成熟，並隨各地風俗民情，發展出各具特色的地區風格，古拙奔放的佛山剪紙、生動雅致的金陵剪紙、精細渾厚的高密剪紙、絢麗飽滿的蔚縣剪紙、…如今聞名的幾個剪紙流派，幾乎都盛起於明清時期。清末民初因時代動亂，審美思想與社會結構改變，百姓剪紙貼花的習俗銳減，加上剪刻染色等各種手藝都被機器取代，曾經燦爛的剪紙文化一度沒落，成為瀕危的傳統藝術，筆者亦是因此而投入剪紙創作。近年，剪紙被聯合國教科文組織列為世界非物質文化遺產，作為古老的智慧結晶，以其充滿哲思、審美與生活情趣的魅力，再度引起關注。

二、創新剪紙與品牌融合

　　傳統剪紙有著極強的民間氣息，深入百姓生活，呈現充滿生活感的創造力。作為一種實用的民間藝術，剪紙在表現形式上普遍追求納吉祛邪、審美教化，並透過特定的表現語言（符號）表達文化內涵。例如錦鯉象徵富裕，葫蘆象徵福祿，《老鼠嫁女》象徵多子多孫，《獅滾繡球》象徵好事不斷…各種民生相關的家禽家畜、瓜果魚蟲，或取其形狀諧音，或取其傳說典故，將豐富寓意濃縮於單純造形中，發展出傳統剪紙樸實易解的語言系統。筆者以此為基礎，將傳統剪紙語言融合西方品牌元素，創作更具時尚感、更貼近品牌溝通訴求的現代剪紙。

（一）百富威士忌新年剪紙：

　　百富（The Balvenie）為格蘭父子洋酒旗下最高階的威士忌品牌，產自蘇格蘭斯貝賽地區（Speyside），獲獎無數，是手工釀造單一麥芽威士忌中的精品。2016春節，格蘭父子邀請筆者為百富創作 100 幅剪紙，以「一百個富·一百種深刻祝福」為題，舉辦新年特展同時拍攝代言影片，並以剪紙圖紋設計新年限量禮盒、

紅包袋、掛飾等宣傳物。個案主希望透過 100 幅剪紙，來表達人生個層面不同的富足和祝福，並經討論後決定以百富五大工藝為元素，於百幅作品中表現百富的品牌特質與精神。

1. 自種大麥：百富是蘇格蘭地區唯一仍栽種自有大麥的酒廠，每年在自家千畝的農地播種大麥，栽種方式百年來維持不變，唯一使用的現代科技是穀物成熟時的收割機，在蘇格蘭多變的氣候下，全憑世代傳承的農夫以直覺和經驗耕作。剪紙中大量使用麥芽、麥穗、麥田景，象徵百富對傳統耕作的堅持，成就百富威士忌的與眾不同。

2. 手工翻麥：百富是蘇格蘭地方少數保留鋪地發芽技藝的酒廠之一，大麥麥粒浸泡在山泉水後，平鋪在古老的發芽場地，經翻麥師手工翻攪控溫、維持孵麥的正確條件，最後在燻窯中添入泥煤風乾麥籽，增加煙燻風味與層次。剪紙中，鋤、鏟、鍬、耙等傳統農具，都象徵複達著百富手工翻麥的堅持，這門技藝不僅僅是攪動麥粒而已，更是百年來翻麥師們珍貴的經驗和知識結晶。

3. 銅匠技藝：銅製蒸餾器的形狀與尺寸是影響威士風味忌的關鍵因素，百富自設廠以來，就以自家專屬銅匠打造並維護蒸餾器，獨特的球形結構（Balvenie Ball），使百富威士忌帶有醇潤的蜂蜜風味。除了弧線美麗的球形蒸餾器外，剪紙中還選用了杜松作為元素，這裡面藏著一個小秘密：每次蒸餾前，57 年資歷的銅匠 Denis Mcbain 都會切一把杜松樹枝放在蒸餾器裡熬煮，份量與時間全憑他的經驗和感覺。

4. 桶匠技藝：木桶對影響威士忌風味十分重要，若要打開酒桶的毛細孔，必須經過烘烤至木桶焦糖化，這是一門困難的技術，百富專屬的桶匠必須全年無休的維修、重造、封裝威士忌木桶，每名學徒至少要花四年學習，而要製作出撐上 25 年甚至更久、滴水不漏的優質酒桶，則需要更長的時間與經驗。剪紙中，波本、雪莉、邦穹…各種高矮胖瘦不一的橡木桶形，象徵百富精湛的桶匠工藝；青蘋果、太妃糖、番紅花、堅果仁則象徵酒桶釀出的各種細緻風味。

5. 首席調酒師：百富首席調酒師 David Stewart 是蘇格蘭威士忌產業中最資深的調酒師。經過 12 年的學徒訓練，在酒廠服務超過 50 年，David Stewart 以精準的嗅覺和第六感品聞酒樣，決定哪一支木桶能夠在 12 年後裝瓶，那些珍稀的酒桶則能夠熟成為 20、30 甚至更高年份的酒款。為表現品酒師是威士忌熟

成的靈魂，剪紙中除了以品酒杯象徵調酒工藝，更使用了 David Stewart 的剪影，向這位精通威士忌複雜技術的大師致敬。

圖 5　百富首席調酒師 David Stewart 與剪紙

（二）古馳新裝巡展剪紙：

　　古馳總監 Alessandro Michele 創作的「古馳花園 Gucci Garden」裝置藝術，2017年初來台巡展，同時推出以此為靈感的系列新裝，時逢春節前夕，古馳邀請筆者於設計一套相應的剪紙，作為新品發表的貴賓禮物。在「古馳花園」豐富絢麗的動物及花卉圖案中，筆者與個案主討論取出四大剪紙設計元素：

1.　老虎：老虎在傳統剪紙中具有鎮邪庇護的意義，甚有以虎頭剪紙做為繡樣，縫製衣鞋守護小孩健康長大的習俗。在古馳花園中，老虎勇猛的形姿與薔薇共放，則象徵每個人心中都有一隻老虎，柔剛並濟、強大而美麗。

2.　蜜蜂：蜂在西南白族剪紙中，象徵富裕，又叫「富斗」；中原一帶剪紙中，則因蜂與「封」同音，象徵封侯。法國最古老的墨洛溫皇朝（Mérovingiens），以及 19 世紀拿破崙建立的法蘭西帝國，都以蜜蜂作為皇室徽章，因此蜜蜂在歐洲象徵權位與尊貴。

3.　蝴蝶：古希臘神話中，愛神之妻賽姬擁有一雙可愛的蝴蝶翅膀，因此蝴蝶代表對愛情的執著。傳統東方剪紙中，蝴蝶也同樣為婚姻愛情美滿的象徵。古馳花園全系列穿梭許多蝴蝶，將濃麗斑斕的品牌氛圍調和得更顯浪漫。

4.　公雞：在 Alessandro Michele 創作的古馳花園系列中，原沒有公雞圖案，但因展覽期間適逢華人春節，為使活動更貼近當地節慶氣氛，筆者與個案主討論後，決定加入雞年元素。雞自古被譽為「五德之禽」，音近「吉」有吉祥之意，而公雞「冠」則更有「加官晉爵」之意。

圖 6　古馳新品活動現場剪紙示範

（三）寶格麗頂級珠寶展剪紙：

　　寶格麗 2017 年舉辦「華彩之源 The Magnificent Inspirations」年度珠寶展，以品牌根源地的羅馬為靈感，規劃「羅馬傳奇 Roman Heritage」、「義式美學 Italian Extravaganza」、「地中海伊甸 Mediterranean Eden」三大系列主題，精選 188 件總價 25 億台幣的珠寶、骨董及複雜功能腕表來台展出。台灣寶格麗為此邀請筆者創作三款相應的藝術剪紙，於發表晚宴現場展演並作為貴賓禮物。在眾多設計精細、工藝卓越的頂級珠寶中，筆者與個案主討論取出三大剪紙設計元素：

1. 天后之夢（Diva's Dream）：靈感來自卡拉卡拉浴場（Terme di Caracalla），這個曾是羅馬帝國貴族社交休憩的地方，有著斑斕的大理石色，和孔雀開屏般優美的古代馬賽克線條。

2. 靈蛇之眼（Serpenti）：在古今許多傳說中，蛇充滿了誘惑和魅力，1940 年代寶格麗誕生第一枚蛇形腕錶，之後每年持續以此為靈感推出新設計，猶如靈蛇蛻皮般不斷演繹重生。

3. 建築之弧（Parentesi）：Parentesi 義大利語意為「括弧」，亦可特指羅馬古城路面鋪設的洞石「Ω」形狀，造型結構既古典又兼具現代感，以象徵性的幾何圖案，讚頌傑出的羅馬建築。

圖 7　剪紙擺設於珠寶展現場，自左至右：天后之夢、靈蛇之眼、建築之弧

(四) 台北101購物中心新年剪紙：

　　台北101金融大樓邀請筆者創作大型剪紙，進行 101購物中心2017春節佈置，並授權剪紙圖形用於新年特刊、紅包袋等宣傳物印製。101 大樓是台灣知名地標，做為各國觀光客訪台熱點，101 購物中心十分重視春節佈置，在這個華人最重要的節日裡，希望透過剪紙獨特的東方之美，讓每位訪客都能感受喜慶歡騰的氣息。

1.　101大樓：本個案為101購物中心量身設計的巨型剪紙。作為世界知名的高樓，101 大樓宛若勁竹的造型，不但富有東方特色且意義祥瑞，節節高升、四季長青，竹報平安本就是年畫與剪紙喜愛的題材。

2.　雞：2017 丁酉雞年，雞為五德祥禽，寓意吉祥。本個案除了「雄雞啼鳴」、「加官大吉」的大公雞，同時搭配多隻姿態各異的小雞，取「大小機會」源源不絕、幸運加倍之意。

3.　牡丹：牡丹別名富貴花，雍容大度，被譽為花中之王，有國色天香之說，自古被視為富貴的象徵，常稱其花開富貴，最適合表現新年恭喜發財、富足繁盛之意。

4.　摺扇：摺扇古稱「懷袖雅物」，開之則用，合之則藏，瀟灑書畫其上，寄寓著文人雅士的品味和審美逸趣，相較瓜果魚蟲等自然元素，摺扇帶有較多的風雅情懷。取扇與「善」同音，傳統摺扇剪有「與人為善」之意，101 作為台灣重要地標，在剪紙中也傳達了「廣結善緣」，向各國旅格表達歡迎之意。

圖 8　101 新年剪紙草圖與試剪

（五）新光三越信義店聖誕剪紙：

　　新光三越信義店位於信義計畫區內最繁榮的百貨群，由四棟大樓組成，彼此間以天橋和步道串聯，2015 年底，信義店邀請筆者為其設計香榭大道上的聖誕主題櫥窗。經討論後，筆者以剪紙概念進行創作，並取以下元素表現聖誕時節的歡樂氣氛。

1. 雪花：雪花結晶獨特，因其結構對稱美麗，在中外都是很受歡迎的折剪主題。在東方傳統，瑞雪兆豐年；在西方聖誕時節，雪花帶來銀白世界的平安夜想像，寧靜中帶著浪漫美好。

2. 腕錶：腕錶不同於動輒流傳千年的傳統剪紙元素，1810 年手錶發明前，是不存在類似造型，也從未用於剪紙創作中的。為了表現信義店香榭大道上的時尚感，筆者以各種線條華麗的精品腕錶，象徵珍貴的歡樂時光，為聖誕時節添增愉快的璀璨氣氛。

圖 9　新光三越聖誕櫥窗剪紙設計稿

參、教案手冊

一、教學目標

　　剪紙在民間有很長的歷史為母系傳承，傳統社會觀念將「女紅」視為完美女性的重要指標，作為居家布置、紋衣繡樣的剪紙因此成為女紅的必修技巧，大多數女性從小學習，將母系前輩傳授的花樣，反覆臨剪、重剪、畫剪，並隨著個人悟性和家族特色而有不同的表現。這種私家傳授的情況，一直到南宋有了轉變，南宋因工業發達、社會繁榮，出現專業的剪紙職人與商號，逐漸建立剪紙步驟與教學的標準化。本教案將以南宋職人發展出的傳統剪紙為基礎，加入現代材質與工具應用，豐富創作技巧的同時，學習精品產業追求卓越工藝的精神，與其融合品牌價值的行銷觀念，將傳統藝術透過創新設計，表現得更具實用性與現代感。課程學習目標列舉如下：
(一) 文化美學與創意思考
(二) 傳統剪紙工藝技巧
(三) 創新剪紙元素編碼
(四) 混合媒材與電腦輔助應用
(五) 品牌活動行銷策略
(六) 品牌溝通與限量商品設計

二、課程綱要與設計

　　本課程涉及的設計教材包括：傳統文化與美學內涵、傳統剪紙工藝技巧、現代媒材應用創新，以及從品牌個案觀察精品行銷，練習針對品牌價值與溝通目標設計限量商品等。建議以 4 週 8 堂課作規劃，如下表 1 所述：

表 1　課程規劃設計表

課程名稱	課程內容	教學方式
(1) 傳統剪紙藝術	介紹剪紙歷史源流與內涵，解碼剪紙圖騰中的語言系統，欣賞知名剪紙流派作品，學習掏、刺、遊、刻、鏤等傳統技巧，並於課堂中實作練習。	簡報授課 課堂實作
(2) 創新剪紙設計	認識紙板、金屬、木片、壓克力等各式板材，學習操作繪圖軟體（Illustrator）與雷射切割機，並練習口袋小品與空間布置等不同尺寸剪紙的繪圖與製作細節。	課堂實作
(3) 品牌行銷	透過個案研究認識經典精品品牌，分析其價值與品質關係比值、節日行銷活動以及品牌溝通策略。	簡報授課 小組討論
(4) 設計專題	分組制定專題設計題目，將剪紙技法結合品牌元素，創作符合市場需求並具備表現彈性的創新剪紙，可為空間布置、宣傳物製作、商品設計或展演活動規劃等。	課堂實作 小組討論

肆、個案成果與建議

一、個案成果與創作理念

　　上述五件個案中，「百富威士忌新年剪紙」是規模與規劃較完整的專案，合作項目除了 100 幅剪紙創作，於誠品信義店 1 樓舉辦剪紙特展，還包含一支 3 分鐘的代言廣告拍攝，並將剪紙圖騰用於建置活動官網、印製限量禮盒及各式宣傳小物。全案帶來的極佳的行銷成效，打破百富威士忌新年銷售紀錄（銷售成長 200%），並獲得 2016 年 4A 創意獎「最佳包裝設計創意獎－佳作」、「最佳販促製作物創意獎－銅獎」。「台北 101 購物中心新年剪紙」、「新光三越信義店聖誕剪紙」則是屬於以剪紙原理進行空間佈置的個案，運用剪紙納吉祝福的文化特性，為台灣代表性百貨賣場營造歡騰的節慶氣氛。「古馳新裝巡展剪紙」、「寶格麗頂級珠寶展剪紙」相較下雖為單純的剪紙小品，但能在世界頂級奢侈品牌中，運用傳統剪術融合時尚潮流，為傳統藝術創作嘗試新的時代風貌，具有創新意義。五件個案產學合作金額共計新台幣捌拾玖萬元，成果如下表 2 詳述。

表 2 個案產學合作金額彙整表

編號	個案名稱	產學合作金額
1	百富威士忌新年剪紙	新台幣 720,000
2	古馳新裝巡展剪紙	新台幣 30,000
3	寶格麗頂級珠寶展剪紙	新台幣 30,000
4	台北 101 購物中心新年剪紙	新台幣 30,000
5.	新光三越信義店聖誕剪紙	新台幣 80,000
	總金額	新台幣 890,000

(一) 百富威士忌新年剪紙：

剪紙其實是一個演化的過程，從一開始構圖的不完美，到最後剪成打開時，發現它很漂亮、很圓融。傳統剪紙是比較具象的，春天來時剪一個春貼在門上，年年有餘就剪一條魚，創新剪紙則嘗試用不同的設計，透過不同的折法融合出對稱與非對稱的造型，把它變成一種新的抽象形，線條也比較俐落現代。創作一百個富，利用不同的中西剪紙觀念，將雕花剪紙與剪刀剪紙重新融合,讓每一個「富」都代表著不同的意義。一百個富，「百」是吉祥，代表著圓滿；「富」是富裕，有物質上、心靈上和情感上的富，例如事業的「富」構圖用大寫 V、公事包，健康的「富」構圖用蘋果、運動和醫療。創作一百個富，希望把祝福送給每一個人的時候，從物質到心靈都是完整圓融的，一百個富，一百種深刻祝福。

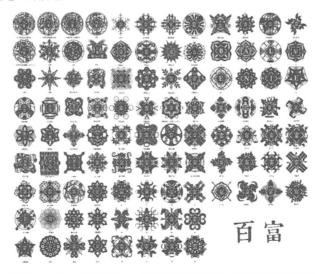

圖 10 「一百個富，一百種深刻祝福」百幅剪紙全覽

圖 11　筆者為百富威士忌拍攝代言影片　　圖 12　信義誠品百富新年剪紙特展

圖 13　百富限量剪紙鍛造禮盒　　圖 14　百富限量剪紙精裝禮盒，附造型杯墊

（二）古馳新裝巡展剪紙：

　　神秘幽靜的花園中，微風吹拂，金紗般地陽光溫柔灑落，側耳可聽見潺潺的泉水聲，棲息嬉遊花間的動物們煥發著無窮的生命力，蜜蜂翩然飛舞，蝴蝶縈繞花梢葉尖，一頭斑斕美麗的猛虎，靜悄悄走過如茵綠地，靜止在古老的紫藤樹下，嗅賞薔薇甜美的香氣。古馳花園以優雅盎然地生機，歌頌生命中原始純粹的美好。

80

圖 15　古馳花園系列剪紙

（三）寶格麗頂級珠寶展剪紙：

　　天后之夢（Diva's Dream）靈感源自古羅馬浴場雀屏般美麗的馬賽克圖案，以電影明星般嫵媚綻放的線條，回溯義式奢華的美好年代。靈蛇之眼（Serpenti）蜷伏於諸多古老傳說中，象徵著智慧、誘惑及魅力，以寶石般明燦的雙眼、熠熠生輝的鱗紋、流暢靈動的身形，成就迷人的寶格麗珠寶傑作。建築之弧（Parentesi）啟迪自羅馬古道所鋪設的石洞形狀，幻化成寶格麗珠寶的相扣金屬，以簡潔優雅的風格，向偉大的羅馬建築致敬。

圖 16　天后之夢　　　　圖 17　靈蛇之眼　　　　圖 18　建築之弧

（四）台北101購物中心新年剪紙：

　　神采奕奕的大公雞，注視著聳入雲霄的 101 大樓，象徵 2017 年大雞大利，事業財運樣樣如日中天；活潑的小雞們穿梭祥雲之間，大小雞會都將帶來幸運，雞扇人家慶有餘，101 與訪客們廣結善緣，迎接美好的一年。

圖 19　101 剪紙裝置實景

圖 20　101 大型剪紙局部，以金屬雷切完成

圖 21　101 剪紙應用於大樓門面

圖 22　101 剪紙應用於新年特輯

（五）新光三越信義店聖誕剪紙：

　　充滿驚喜的聖誕時節，雪花凝聚璀璨的美好時光。「一段閃耀得讓人想珍藏的時光!」以這樣的想法，使用傳統剪紙技巧，變化出各種雪花結晶，如精品腕錶般的造型象徵時間，在佳節期間增添一抹華麗氣息。

圖 23　新光三越聖誕剪紙櫥窗實景

二、傳統藝術與產業創新結合之建議

　　一千五百多年來，剪紙在民間廣為流傳，納吉招福、祛災驅毒，提供人們心靈上的保護；貼花裝點、審美教化，豐富人們的生活上的情趣。剪紙是風俗和文化的結晶，也是一門樸摯實用的藝術。經歷千年，剪紙表現從農業社會尋常期盼的風調雨順、五穀豐登，發展出意義更豐富、造型更多變的語言系統，融入形似、諧音、典故或寓言，搭配掏剪、折剪、打毛、陰陽鏤刻等各種技法，應用於皮影、繡樣、夾染刻版、陶瓷貼花等各種工藝，成就歷朝歷代的精彩傑作。然而隨著時代更迭，剪紙也曾一度走向沒落。

　　所幸，剪紙畢竟是一門擁有豐富積累的藝術，在任何節日、活動裡出現，都會快速連結祝福賀喜之意，無論世界精品品牌，或本土精品賣場，都意識到剪紙這個討喜、廣為人知的特質。以剪紙作為行銷主題，不需再費力教育閱聽眾，人們能自然直覺地感受到它所帶來愉快氛圍。

　　但是做為情感強烈、風格鮮明的傳統藝術，也不免同樣被這樣的特質所束縛。大紅的喜氣團花、大紅的熱鬧紋樣，不可諱言傳統剪紙確實有著濃厚的鄉村氣質，與精品時尚結合時，該如何避免刻版俗氣?如何萃取這門古老藝術的精華，再次融合現代技術與精神，在產業結合中延續並煥新剪紙的藝術生命?從上述五項合作個案中，筆者歸納出建議如下。

（一）結合多元媒材：

　　剪刻鏤空的藝術在東漢造紙術發明前已存在，紙張的出現大幅降低材料取得門檻與成本，因而快速取代皮革、玉片和金箔，普及流行於民間。從歷史來看，紙張並不是鏤空藝術的唯一選擇，在材料研造發達的今日，各種木質、金屬、塑膠、合成薄片取得容易，可因應剪紙展示用圖與環境，調整並結合多種媒材，使更剪紙的創作更合理、更現代化。例如 101 大型剪紙裝置需懸掛覆蓋 3 層樓高，考慮懸掛垂度與耐力，施作時以金屬切造主圖形，副圖裝飾則以薄木片和紙張結合；新光三越聖誕剪紙，同樣因考慮懸於櫥窗內的份量感，捨紙張改以壓克力板完成。

（二）運用當代技術：

　　剪刀和刀片都是古老的工具，距今三千多年前的西周時期，成王便以剪刀剪梧桐葉逗弟弟玩。隨著工業發展，剪刀演化出各種平圓鈍尖的細緻刀頭，掏、刺、遊、刻、鏤…傳統刀法多元成熟，然而剪紙操刀的基本功夫雖然重要，仍可適度融入當代技術，提升創作效率，擴大作品的尺度與極限。例如以電腦輔助描樣繪圖，可在實際剪紙前快速與品牌溝通，修正並確認圖樣；以雷射技術進行異材質切割或量產，可更精準地節約精力與製作時間。

（三）融合品牌元素：

　　剪紙藝術的表現語言屬於托物寄語，借用約定成俗的觀念化為形象，將豐富寓意濃縮於單純造形中，舊時社會常見的各種自然元素、戲曲人物，在剪紙中都有特殊意義，例如《年年有魚》、《五蝠臨門》…不勝枚舉，現代創作應把握剪紙強烈的象徵特質，在此基礎上融合西方精品精神，取出品牌溝通的重點，將時尚潮流與品牌訴求視覺化，運用不同的造型元素和線條風格，剪出兼顧精緻工藝與創新精神的作品。

（四）尊重傳統精神：

　　剪紙材料與技法隨著時代改變，有了更多元便捷的選擇，但這門古老的藝術，最早起源於人們對美、對生活熱情的體悟與禮讚。現代剪紙可以運用電腦繪圖、雷射切割，或以刀模製版量產，甚至可以沒有實物，以電子圖檔在網路上進行創作與推廣，一切自由不拘，任它變化為更適合時代環境的模樣，只要莫忘初衷：無論隨手可得的樹葉毛皮，昂貴稀少的采緞金箔，或是通俗易得的紙張，先人們曾信手拈來，去蕪存菁，在剪落紙穗後留下美麗圖形，表現對生命萬物的珍惜、

讚美和祝福。

參、參考資料

1.　陳寶玉（1994）：民間藝術-剪紙。藝術圖書。

2.　程征（2002）：中國民間美術全集-剪紙。江蘇美術出版社。

3.　陳竟（2007）：中國民俗剪紙史。北京大學出版社。

4.　郭彥劭（2014）：節慶行銷戰略大解密。動腦雜誌，459 期，42-49 頁。

5.　格蘭父子洋酒股份有限公司：https://tw.thebalvenie.com/

6.　荷蘭商開雲亞洲股份有限公司古馳台灣分公司：https://www.gucci.com/

7.　台灣寶格麗股份有限公司：https://www.bulgari.com/zh-tw/

8.　台北金融大樓股份有限公司：http://www.taipei-101.com.tw/

9.　新光三越百貨股份有限公司：http://www.skm.com.tw/

10.　佳士得 Christie's，南宋吉州窯剪紙貼花盞：
　　　http://www.christies.com/lotfinder/lot_details.aspx?from=salesummery&intobjecti
　　　d=6019218&sid=1c98e325-79a1-4519-ae0b-90b2fc1ada93&lid=3

建築設計應用 PBL 之個案教學

阮怡凱[1]、邢乃平[2]、陳逸[3]

摘要

　　因應人才多元化時代來臨及高教深耕計畫的推行，未來教師的教學模式將有重大變革。問題導向學習(problem-based learning，PBL)，強調以學生為主體的教學創新，於課程中引入產業真實議題、善用專業知識於問題解決並創造師生共學的可能性，將成為這一波教學創新的重點，也是培養未來產業人才與能力的重要媒介。建築設計的課程宗旨，一直以來均強調如何培養學生批判思考、自主學習、動手做與跨領域解決問題的能力，在其操作過程中已融入解決問題導向的學習概念，並深化於學生的學習歷程。本文主要將介紹建築設計課程如何應用 PBL 之個案教學方式，並深入探討課程設計理念、實際個案操作及教學建議。

關鍵字：建築設計、問題導向學習、動手做、教學創新、個案操作

壹、個案本文

一、個案背景與說明

　　問題導向學習(problem-based learning，PBL)之概念，源於醫學教育。醫學臨床案例常難以掌握各項突發、複雜且危急狀況，傳統背誦醫療知識或反覆操作等方式亦無法滿足訓練醫學系學生因應未來醫療現場的未知情況，因而發展出為解決實際問題的一套教學策略。美國醫學院 Barrows 教授，在過去多年的教學經驗中發現，醫學生在畢業後非常有可能面臨所學知識過時或不足且缺乏專業教師指導的窘境，因此醫學教育必須授與的技能之一在於培養醫生自主學習與解決問題的

---

[1] 國立臺灣科技大學建築系副教授
[2] 國立臺灣科技大學建築系博士生
[3] 國立臺灣科技大學建築系博士生

能力（Barrows，1983）。有鑑於此，Barrows 教授設計了一系列的案例問題，並於課堂中要求學生探討研究相關議題，在僅提供非常有限的訊息前提下，學生必須透過各種方式解決臨床上可能會面臨到的問題，有效提升了學生解決實際問題的能力。PBL 教學法的成功漸漸開始被美國其他醫學院所效法應用，爾後便廣泛運用於臨床醫學教育，甚至推廣至教育與其它領域。

　　PBL 是根基於建構主義的觀點，認為學習是在社會環境中建構知識的過程。因此，其教學過程中，會讓學生處於真實（或模擬）的情境中，將所發生的實際問題形成案例，透過小組討論，提出解決方法。這種以案例與問題為導向的課程設計及教學模式，與傳統教學方式截然不同；PBL 強調以學生為中心，透過小組合作的方式並利用真實的問題來引發學生討論。透過老師的教案（問題）設計與引導，以及學生的自主探究、合作來解決問題。從而學習潛藏在問題背後的科學知識，養成解決問題的技能和自主學習的能力。

　　關超然等人（2009）提出 PBL 教學法特色以「5S」為主：小組討論(Small group discussion)、以學生為中心(Student-centered)、自主學習(Self-directed learning)、各組配有引導老師幫助學習(Supportive tutor)、以問題引導學習(Scenario)。學生在學習的過程中對於學習負有重要的責任，主導學習的進行並培養自我導向的終身學習技能、問題解決能力、團隊合作的溝通技能、以及資訊管理與應用的能力。教師則擔任輔助、顧問、教練等角色，成為學生解決問題的夥伴，從旁給予必要的協助。

　　在 PBL 教學進行步驟中，老師首先會發佈教案（問題情境）後，小組全員首先進行腦力激盪。學生則運用本身的背景知識對於問題進行釐清、整理、初步調查與蒐集問題相關訊息。其次，針對問題概略釐清後，產生有助於解釋問題主因的各種假設。對於問題的知識差距與其原有知識進行分析、討論，思考問題後設立學習範疇並聚焦本身關注的問題點。接著，將關注的問題點透過各種管道，進行多元的精細研讀與自主學習。爾後，於小組中藉由互動討論加深思辨與澄清。最後在反思回饋中達到理解、內化以及對於問題情境產生各自的學習成效（關超然，2007; Bridges et al., 2012）。其 PBL 七步驟循環圖如下圖 1：

圖 1 PBL 循環圖　(Alrahlah, 2016)

　　綜合言之，PBL 的教學過程將可結合小組討論與自主學習，在同儕與師生不斷的對話討論下，學生主導自我的學習方向，透過蒐集資料、分析資料、主動發現問題等方式，循序漸進的訓練解決問題的能力。

二、建築設計與 PBL 關聯性

　　近代建築教育的起源，可追述自 1671 年法國布雜建築/藝術教育體系（Beaux-Arts）。布雜學院以學科在校內學習，術科在教師工作坊學習的兩線並行教育模式為主要特色，尤其是維持藝術工匠的師徒學習制度更影響後世甚鉅。後期的布雜教育強調「院內比圖」的學習模式，認為建築教育於即將結業時，需透過學徒間的專業競爭使其判別是否具有成熟的專業程度（楊裕富，1993）。

　　現代建築教育則於 1919 年 Walter Gropius 於德國創建包浩斯（Bauhaus）建築學院，為發展結合現代建築、藝術、工藝之設計學校。包浩斯在教學上，強調理論知識與實務技術並重，早期採雙軌教學制，由教導藝術形式、色彩、繪畫的「形態教師」（Form meister）與傳授技術、手工藝、材料的「技術教師」（Handwerks meister）共同教授（林榮泰等人，2006、2008）。後因應工業革命發展，逐漸淡化工匠技巧之訓練，著重以人為本並結合科技使其設計的教學理念及教學方式延

用至今（楊裕富，1997）。

　　建築設計係以完成某一建築類型之設計操作為主要工作，經由系統性的整合相關專業領域知識，並實際應用其概念及手法於設計中（陳信安，2007）。因此，現代建築教育的精神，強調理論知識與實務技術並重的概念下，並以案例及解決問題為導向的操作模式下，非常符合 PBL 所提倡的 5S 精神。兩者關係可具體說明如下：

1. 建築設計課程之操作，由每位授課教師分別帶領約 3-10 位不等的學生，以師徒制與分組討論模式進行。
2. 教師通常由具有產業與實務經驗的建築師擔任，會於課堂中提供真實或模擬的案例，供學生進行設計思考並提出各種針對空間、環境等問題的解決方案。
3. 每次的上課與討論，均由學生主動針對課程事先指派的工作或任務進行報告與說明，藉由與教師或同儕的討論中激盪想法，完成自主學習。
4. 在不同階段的設計任務中，教師負責引導討論與後續設計概念之修正，在旁予以必要的協助，並透過互動過程中傳遞知識與觀念。

　　PBL 理念在於小組教師教學方法及引導技巧之教學專業，遠比其擁有學科之知識專業重要（Barrows & Tamblyn，1980）。建築設計應用 PBL 的教學過程，大致可遵循圖 1 而加以歸納如圖 2 之七個步驟。第一，由教師提供教案（問題情境，通常稱為「建築設計發題」），這部份的資訊包含建築的主題、基地與相關的建築計畫；第二，學生開始透過基地調查分析、環境觀察，並以拍照、訪談、文獻蒐集、案例學習等方式，釐清建築的需求、挑戰或問題；第三，根據釐清後的問題，初步產生設計的概念，並透過文字、草圖或模型等方式，與教師討論設計發想過程；第四與第五，確定發展概念後，針對知識不足之處，再透過資料蒐集、空間尺寸與案例分析等方法，將各階段累積的想法及資訊繪製設計圖說、電腦模擬或手作模型以進行自主學習；第六，融會前述各階段的成果，將設計作品透過繪製平面/立面/剖面/細部大樣圖說/各比例模型等進行呈現，並呼應第一步驟所提出的設計問題或挑戰；最後，則將所有過程及階段性完成之作品透過公開觀摩與評論的方式（俗稱為「建築評圖」），取得不同教師與同儕的回饋，進一步完成學習的目的。

設計發題
Problem scenarlo

基地調查分析、環境觀察、拍照、訪談
Identify facts

建築評圖
Evaluate

產生設計概念、草圖或模型
Generate assumption

繪製平面/立面/剖面/細部大樣圖說各比例模型
New knowledge to problem

繪製設計圖說、電腦模擬或手作模型
Self-directed learning

資料蒐集、空間尺寸與案例分析
Knowledge gaps

圖 2　建築設計應用於 PBL 循環圖

　　建築設計需整合的學習議題，包含建築結構、建築法規、社會行為、人文歷史、人體工學、造型美學、永續環境、材料組構等，各面向知識範疇皆各屬一方專業領域。在教學過程中，學生必須對於自我學習負有重要的責任，主導學習的節奏並培養問題解決的能力及團隊合作的溝通技能。而教師由於具有豐富的實務經驗，也能成為學生解決問題的夥伴，但在教學過程中僅擔任輔助、顧問、教練等角色，從旁給予必要的協助，而非親自投入設計操作，也因此能讓學生充分以自我為學習中心，在互動過程中不斷獲取不同專業的意見、知識與實務經驗。

貳、個案教學討論

一、教學目標與課程設計

　　建築設計因涉及多個領域與專業的整合，學生學習的過程採循序漸進的方式探索與整合建築專業知識。例如，大一的設計課程，主要目的在於教導學生探討建築空間組成之原理，啟發初學者對建築空間設計的基本概念，並奠定建築與環境美學的創作基礎，因此教學目標與重點，偏重於對型式、量體、媒材與構造之

實作與基本設計練習。大二則開始進入到實質建築設計的開端，訓練學生建構設計概念以及對空間組織、尺度、使用行為與空間安排、基本建築造型、設計基本動作養成、設計與構造界面之掌握等。因此操作的主題可能包含：校園建築、通用住宅設計、老街文化館、學校宿舍等小尺度建築設計練習。大三則進入到建築設計課的核心，開始切入到都市公共空間，透過尺度上的放大，擴及至都市空間各面向上的思考與回應，並結合設定的複合式機能活動與都市景觀環境等議題，容納至建築設計為操作主要課題。議題上可能包含：都市圖書館、美術館、校園規劃與大型公共建築。大四則為學生的畢業設計，肩負課程發展的尖石(Capstone)任務，做為建築系同學在建築基礎專業學習上總和成果之呈現與檢視，整合過去幾年對於建築環境、結構、構造、文化、技術、設備等專業知識，於畢業前夕展現對於學生對於議題操作與解決問題的成熟性。

二、學員課前討論問題

在建築設計教育的基礎課程中，「空間尺度」、「問題發現」、「環境觀察」是一個重要的學習課題（2014, 吳韻吾）。因此在設計課前需要引導學生如何從真實環境中的觀察與收集的資料整理成有用的資訊，並且運用於其設計發展中，這是建築設計課中重要的教學發展方向。學員課前討論問題共從三個面向發展：一、從真實環境中尋找問題與學生日常生活有關，容易引發學習動機；二、透過問題導向的學習過程，學生不僅學會設計上的知識，而且培養了獨立探索的能力，並了解如何處理實際環境中所遭遇的問題；三、經由「問題」的學習討論、分享培養高層次的思考能力，養成學生社會溝通與合作學習的能力。藉由問題導向學習裡，從真實環境中尋找問題，並提出問題解決方案(並已發展各階段性的設計作品呈現)為學習的主軸。從學員們與在與教師討論分析出來的問題及想法，教師的角色是必須提供學生解決問題時所需的專業建議與方式，並指導與提供學習探索的環境，使學生能從解決問題的過程中，主動建構建築設計知識與發展問題解決的技能。

三、實際個案操作

建築設計的教育過程，有極高程度符合 PBL 的精神。本文將透過兩個實際的設計課程之個案說明，說明建築設計應用 PBL 之特色與方式。

（一）大一設計：校園化妝實作競賽

　　校園化妝實作競賽，為自 2005 年開始配合臺灣科技大學校慶舉辦一年一度的校園比賽。每年三月開始，校園內穿廊、大樓、步道、草坪就會有充滿各式各樣不同的裝置藝術或創意空間作品出現，完全由學生實作打造，為一落實創意教育的具體計畫。建築設計的大一課程，往年也會配合此項競賽，讓學生透過課程內容實踐 PBL 的精神。在課堂上的具體操作步驟如下：

1. 問題情境 (Problem scenario)：設計發題
　　由教師提供校園待改善的空間、景觀或裝置，開始讓學生們以小組討論的互動模式，提出創新與深具特色的想像，讓學生從校園中，尋找一個小角落，並且利用創意思考，提出改造想法，實踐尺度放大的實作計畫。

圖 3　校園化妝實作競賽場地

2. 釐清問題 (Identify facts)
　　學生根據教師提出的課題，從真實環境中尋找發展方向。不在只是侷限於紙上理論，與學生日常生活相關的環境問題將更能夠引發學生的思考能力，並培養對於環境問題的觀察敏感度。因此在這個階段，校園內會有非常多來不同科系與領域的學生共同組隊，投入改造計畫。他們透過實際環境的觀察與基地分析，並結合影像紀錄、問卷、訪談等方式，逐步釐清問題：「校園該改善的空間或小角落為何」？

3. 產生假設 (Generate assumption)
　　以其中某一組同學的學習歷程為例，所選定的校園小角落，為學校行政大樓後方的草坪。因為該組學生觀察到，該草坪的使用率極為不高，且透過訪談瞭解，校園師生普遍感受到校內閱讀空間極為不足之問題。因此決定，將草坪空間重新

打造為一個適合閱讀的空間，並根據基地與環境特性，提出發展的設計概念 。

圖 4 行政大樓後方的草坪空間

4. 釐清知識差距 (Identify knowledge gaps)

經過小組討論，教師扮演引導角色，讓學生從自己的分析中發現問題。當學生試著更深入的探討問題後，會發現缺少足夠的知識與經驗來解決問題，因此開始透過各種管道找尋類似案例的解決方法，包含選用的材料、施作的技術、空間的尺度與案例的環境關係等，並思考與設計概念之間的關聯性。

圖 5 與待解決問題類似之案例

5. 自主學習 (Engaging in self-directed learning)：

學生將蒐集來的知識進行統整，持續透過小組與教師討論，練習將設計概念轉化為實際方案。若案例分析有其成功及趣味之處，則加以整合並學習其操作手法 。這個階段會開始透過繪製圖面、文字或模型等方式，提出初步的解決方案。每一小組的指導教師則會分別根據初步成果，於此階段提供實務上執行的注意事項，例如：施作困難度、材料選用、成本等專業知識與意見。

圖 6　自主學習的過程與成果

6.　學習成果解決問題(Apply new knowledge to Problem)

　　學生根據上述各階段的練習與操作後，透過繪製平立剖面圖、細部圖說、比例模型等，提出一套完整的設計方案，具體陳述校園空間改造計劃之構想與實踐作法。整個過程完全為以學生為中心的學習模式，中間會歷經數週不斷討論與修正，也讓他們盡早體認到實務界建築師所面臨的工作訓練與問題解決過程。

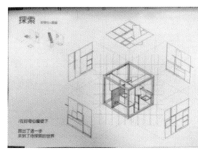

圖 7　學習成果呈現

7.　評量與回饋(Evaluate)：

　　最終，每位學生將設計方案，透過開觀摩與評論的方式，由師生共同討論。學生獲得回饋後，可進一步反思並提出後續設計與實作可改善之處。整個學習歷程大約 4-6 週完成。

圖 8　公開觀摩與評圖

(二)大三設計：城市藝術中心設計

1.　問題情境 (Problem scenario)

　　由教師提出一個真實的設計題目、基地及情境。以「城市藝術中心之設計」為例：中部某城市得到一家知名的台高科技公司贊助生代藝術家之創作，並促進國際當代藝術之交流，擬利用市區中的一筆社教用地興建城市藝術中心。該用地建蔽率 50%，容積率 240%，土地面積約 1500 平方公尺。設計與環境呼應構思應包含基地周邊環境、自然環境、景觀視野等。

　　基地概況部份，形狀大致為一直角三角型。面臨主要道路之長度約有 60 公尺，短邊約 40 公尺，鄰接 6 公尺巷道，斜邊以一條溝渠為界，其間有一排老樹，界外為民地，現有一棟閒置之民宅坐落於田野中。基地附近大多為二至四層的透天厝。藝術中心的主要出入口設在南邊，面臨 30 公尺的市區道路。

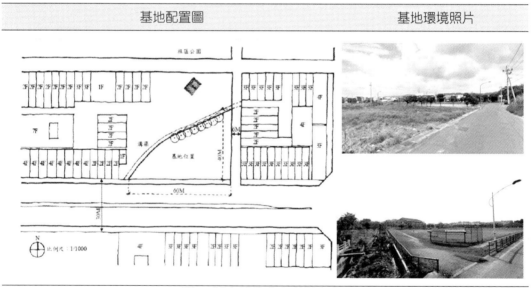

圖 9　城市藝術中心基地概況

　　本中心預計完成後委由民間的藝術基金會經營，以「視覺藝術」與「表演藝術」為主要對象，最重要的功能包含：

1.　提供國內外當代藝術展演使用，包含邀請展與申請展；
2.　提供國內外藝術家進駐創作，進駐期限為三個月；
3.　提供市民參與藝術相關活動，策動城市藝術節，定期與不定期舉辦講座、論壇、研習、藝術欣賞、以及藝術家工作室開放。

　　空間需求部份，應包含大小展示空間（600 m2）、劇場空間（250 m2）、藝

建築設計應用 PBL 之個案教學　95

術家工作室（600-800 m2）、多用途空間（200 m2）、藝術圖書資訊區、咖啡餐飲區（120 m2）、藝文商品區（60 m2）、行政辦公區（100 m2）、其他自定空間。

2.　釐清問題　(Identify facts)

　　由於為真實的基地條件，學生將會到現場進行實際環境與基地觀察，並從真實環境中尋找待解決的問題。這些分析通常包含：氣候條件、地形特色、自然環境、現況調查、基地機能、視線等。學生會以各種靜或動態影像加以紀錄。

3.　產生假設　(Generate assumption)

　　根據設定題目及基地觀察後，實際找出所面臨的問題，以小組形式，讓同儕之間互相分享調查結果與創意想法。在概念階段，有各種概念發展的方法可讓學生參考，例如：抽象概念發展法（從多數事物中抽取其共同特徵綜合而成），議題概念發展法（從現實找出需要解決的問題或議題當作概念）、模擬元素發展法（將各種型態的事物轉換為設計概念）。

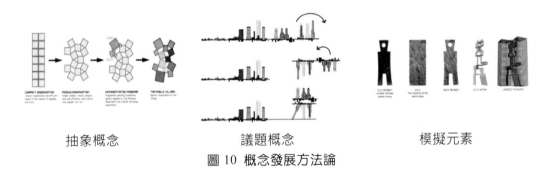

　抽象概念　　　　　　　　議題概念　　　　　　　　模擬元素

圖 10　概念發展方法論

4.　釐清知識差距　(Identify knowledge gaps)

　　當學生試著更深入的探討問題後，會發現缺少足夠的知識與經驗來解決問題，因此開始透過各種管道找尋類似案例的解決方法，包含選用的材料、施作的技術、空間的尺度與案例的環境關係等，並思考與設計概念之間的關聯性。這些案例，通常與所面臨的基地條件或建築尺度，會有某些程度之相似性，學生可透過案例學習的過程，進一步掌握建築的風格、結構、材料及空間的設計整合。不同的學生特質與偏好，也會對案例的建築風格產生差異。圖 11 為以風格為例的公共性建築空間之案例學習：結構建築，強調建築結構形式與系統；地域性建築則著重於結合當地文化與都市紋理；生態建築強調環境與建築的整合協調；理性建築則偏重於規矩、無特別造型之設計。

結構建築　　　　地域性建築　　生態建築／綠建築　　　理性建築

圖 11　建築風格之案例學習

5.　自主學習(Engaging in self-directed learning)

　　學生透過案例、書籍、作品及與教師、同儕的討論來整合知識，並練習將設計概念轉化為實際方案，學習規劃整體邏輯架構。以外觀及量體為例，學生可透過交集、消集(挖空)、切割、規則對稱、自由曲面等方式呈現想法與提案。

交集　　　　　　　　消集(挖空)　　　　　　　　　切割

規則　　　　　　　　　　　自由曲面

圖 12　建築量體之自主學習

6.　學習成果解決問題(Apply new knowledge to Problem)

　　學生透過平立剖面圖、細部圖說、比例模型等，探討設計發展過程中的問題後，提出一套完整的設計方案。

圖 13 學習成果的模型呈現

7. 評量與回饋(Evaluate)

　　每位學生將設計方案，透過開觀摩與評論的方式，由師生共同討論。學生獲得回饋後，可進一步反思並提出後續設計與實作可改善之處。　整個學習歷程大約 8 週完成。

四、教學建議

(一)週次操作建議

　　建築設計為建築系必修之核心課程，其任務在於讓學生們能以自主學習的方式找到設計發展的議題以及訓練對環境的敏感度。課程中老師扮演從旁協助的角色，幫助學生發展設計並給予學生們產業實務上的建議，透過業界建築師與學生間互動，讓學生演練一次完整的建築設計案。當每完成一個設計案之練習，亦就能累計一次操作體驗與相關作品，這對於每位建築系的學生而言是相當重要的學習過程，同時，也透過設計課的操作來熟悉未來在進入建築師事務所或相關職場做準備。以下提供 8 週的授課規劃，教學進度與內容配置如下表 1 所示：

表 1　教學進度與內容配置表

週數	重點目標	課程內容規劃	對應 PBL 流程步驟
1	課堂簡介	(1)　設計發題、設計內容說明。 (2)　分組討論，由各組老師協助引導討論	問題情境
2	實際基地調查	(1)　基地調查與分析 (2)　學生到基地實地觀察，瞭解問題，並從中發現可發展設計的議題。	釐清問題
3	發展問題情境	由老師與同儕分組討論，發展基地分析與觀察的問題情境。	產生假設
4	設計思考發展	(1)　檢視學生所發現的議題方案，從討論中瞭解方案的可行性及所需要瞭解的知識。 (2)　草圖、模型發展 (概念、初步內外部空間規劃、量體與環境協調性)	釐清知識差距 自主學習
5	草評圖	多組形式，交互演示，初步發展結果並與老師同學討論得到初步回饋。	
6	修正發展	(1)　根據草評圖回饋意見，進行提案修正。 (2)　空間規劃圖、空間定性定量發展 (概念再確認、空間規劃修正)	學習成果 解決問題

| 7 | 修正發展 | (1) 根據草評圖回饋意見，進行提案修正。
(2) 空間規劃圖、空間定性定量發展(內外部空間調整與定案、評圖準備) | |
| 8 | 正式評圖 | 多組形式，交互演示，發展結果與老師同學討論得到最終回饋，設計專案結束進入下一個專案循環。 | 評量與回饋 |

(二)PBL課程自我檢核

　　PBL 在筆者過去的教學經驗中發現，PBL 更像是一個教學理念，而非教學方法。換言之，教學現場之授課教師，可結合各種創新教學的方法、技術或模式（如：翻轉教學、個案教學、磨課師、情境教學、設計思考等），加以實踐 PBL 之理念。只要能把握 PBL 課程的核心精神與宗旨，設計各種 PBL 的學習單元，以學生為主題，引發其學習動機，改善長久以來的教學弊病，即可達到創新教學之目標。而這些原則整理如下，提供給教師自我檢核：

1. 老師是否針對學習單元，事先準備設計並於課堂上提供一個學習情境、個案、主題或問題?
2. 課堂上學生是否有採分組方式進行討論與學習?
3. 老師是否在學生討論過程中扮演問題引導者的角色?
4. 老師是否提供學生自我學習的機會並且在過程中適當的引導?
5. 課堂上是否有提供學生可進行實驗、實作、辯論等機會?
6. 課堂上是否有提供小組口頭或書面報告、視聽媒體展現、會議或論壇等公開發表機制?
7. 課程的評量是否具多元化（同儕互評、自我評估）?

參、參考文獻

1. Alrahlah A. How effective the problem-based learning (PBL) in dental education. A critical review. Saudi Dent J. 2016;28(4): 155-61.
2. Barrows, H. S.(1996).Problem-based learning in medicine and beyond: A brief overview. New Directions for Teaching and Learning, 68,3-11.
3. Bridges, S., McGrath, C., Whitehill, T.L., 2012. Problem-Based Learning in Clinical Education: The Next Generation, Vol. 8. Springer.
4. Barrows, S., and Robyn, M. Tamblyn. Problem-based learning: an approach to medical education. New York: Springer, 1980.
5. 關超然，李孟超，沈戊忠，周致丞，辛幸珍，李淑杏，周定遠，梁繼權，陳震

寰，鄒國英，劉克明，李澤生（2009）。PBL 問題導向學習之理念、方法、實務與經驗。ELSERVIER。

6. 楊裕富（1993）。基本設計在設計教育中角色的探討。1993 工業設計研討會論文集。

7. 楊裕富（1997）。從設計教育的歷史探討制度的形成與問題。專業設計人才培育研討會論文集。

8. 林榮泰，孫銘賢，涂良錦（2008）。文化創意產品設計與創新經營模式之探討-以臺藝大設計學院文化創意產學中心為例。中華民國設計學會第 13 屆年會暨研討會論文集。

9. 林榮泰，王銘顯，范成浩（2006）。應用文化創意於產品造形之研究。藝術學報。

10. 陳信安，鄭錦怡（2007）。建築設計教學模式差異分析之研究—以朝陽科技大學建築系與加州科技大學波莫那分校建築系國際合作教學為例。中華民國建築學會建築研究成果發表會論文集。

11. 吳韻吾(2014)。台灣建築學會會刊雜誌。

國家圖書館出版品預行編目(CIP)資料

臺灣產業個案論文集(三) / 國立臺灣科技大學
教學資源中心主編 . -- 初版. -- 臺北市：臺
灣科大，2017.12
　　　面；　　公分

ISBN　978-986-05-4143-4（平裝）

1.個案教學　2.管理實務　3.創新教學

555.933　　　　　　　　　　　　106021602

臺灣產業個案論文集(三)　定價：新台幣 210 元

發 行 人：廖慶榮
主　　編：國立臺灣科技大學教學資源中心
編輯小組：賴坤財、鄭弘緯
封面設計：許芝瑜
出 版 者：國立臺灣科技大學
地　　址：臺北市大安區基隆路四段 43 號
電　　話：(02)2733-3141
網　　址：www.ntust.edu.tw

經 銷 商：前程文化事業股份有限公司
地　　址：新北市三重區重新路五段 609 巷 4 號 8 樓之 8
電　　話：(02)2995-6488（代表號）
傳　　真：(02)2995-6482
網　　址：www.fcmc.com.tw
讀者服務：service@mail.fcmc.com.tw
郵政劃撥：19899178 前程文化事業股份有限公司
法律顧問：達文西個資暨高科技法律事務所　葉奇鑫律師

ISBN：978-986-05-4143-4
GPN：1010602261
西元 2017 年 12 月初版